PAIS RESPONSÁVEIS EDUCAM JUNTOS

CRIS POLI

PAIS RESPONSÁVEIS EDUCAM JUNTOS

mundocristão
São Paulo

Publicado por Editora Mundo Cristão

Os textos das referências bíblicas foram extraídos da *Nova Bíblia Viva* (NBV), da Sociedade Bíblica Internacional, salvo indicação específica.

Dados Internacionais de Catalogação na Publicação (CIP)
(Câmara Brasileira do Livro, SP, Brasil)

Polis, Cris

Pais responsáveis educam juntos / Cris Poli. — São Paulo: Mundo Cristão, 2011.

1. Crianças — Criação 2. Disciplina infantil 3. Educação de crianças 4. Pais e filhos 5. Papel dos pais I. Título

11-07549 CDD-649.1

Índice para catálogo sistemático:
1. Criação de filhos: Pais e mães: Vida Familiar 649.1
2. Pais e mães: Criação de filhos:Vida familiar 649.1
Categoria: Educação

Publicado no Brasil com todos os direitos reservados por:

Editora Mundo Cristão

Rua Antônio Carlos Tacconi, 79, São Paulo, SP, Brasil, CEP 04810-020

Telefone: (11) 2127-4147

Home page: www.mundocristao.com.br

1ª edição: setembro de 2011
1ª reimpressão: 2011

Este livro é dedicado a todos os pais que atentaram para a importância de participar ativamente do processo de criação de seus filhos. E também aos que foram surpreendidos por uma paternidade inesperada, mas que decidiram desempenhar seu papel da melhor maneira possível.

É verdade que só aprendemos a ser pais quando chegam os nossos filhos – não antes. Educar é transmitir princípios de vida, desde que nascem, ao longo das pequenas e grandes atividades do nosso cotidiano.

Que este livro possa ajudá-los a acertar na educação de seus filhos e a corrigir os erros sem culpa nem condenação.

Preparem-se, não tenham medo, Deus está com vocês. Vale a pena o trabalho. O amor e a alegria que emanam do processo de educar não têm medida.

Amo vocês.

Um forte abraço,

Cris Poli

SUMÁRIO

AGRADECIMENTOS

Pais responsáveis educam juntos é mais um dos desafios que Deus tem colocado na minha vida. Agradeço a ele pelas portas que tem aberto para que eu entre, pelos degraus que tenho de subir, pelos obstáculos que tenho de superar. Deus é meu sustento e supridor de toda criatividade e experiência da minha vida. Sua alegria tem sido, e continuará sendo, minha força. Sem ele nada teria sido possível. Obrigada, querido Pai.

Agradeço também a meu marido, Luciano, pelo apoio nesse novo projeto, pelas orações, pela cobertura diária e pelo companheirismo em todo momento. Minha família é meu grande tesouro, com o qual Deus tem me presenteado diariamente. Obrigada a cada um deles igualmente.

CRIS POLI

APRESENTAÇÃO

Sem a (excelente) caracterização com a qual estamos acostumados a vê-la desde 2006 no programa *Supernanny* – os óculos retrô, o lenço no pescoço, o cabelo em coque, o *tailleur* austero –, a Cris Poli que está diante de mim num restaurante da zona oeste de São Paulo poderia passear anônima pelas ruas da cidade. Sem a mínima afetação de estrela da TV, sem seguranças, sem a vida performática típica de quem vai bem no ibope há tanto tempo. Mas o brilho em seus olhos ao falar sobre educação de filhos, o conjunto coerente de ideias construído ao longo de mais de quarenta anos como educadora e quase duas décadas de leitura e meditação nos ensinos da Bíblia, a confiança no papel da família numa sociedade mais justa não deixam dúvidas: Cris Poli é mesmo a Supernanny. Ou vice-versa.

Cristina Poli nasceu na Argentina, onde formou-se em Educação e casou-se com seu amigo de infância Luciano. Em 1976, o casal mudou-se para o Brasil, onde Cris especializou-se na Universidade de São Paulo e onde trabalhou em diversas instituições educacionais. Seu último trabalho antes de migrar para a televisão foi como diretora e orientadora pedagógica do currículo americano da Escola do Futuro, que ajudou a fundar. Desde a estréia da versão brasileira da franquia inglesa *Supernanny*, Cris Poli tem dividido seu tempo entre gravações, palestras para pais e professores em todo o Brasil e diversas publicações. Também alimenta o blog <www.sbt.com.br/supernanny/blog/>.

Pais responsáveis educam juntos é o quinto livro de Cris Poli e seu primeiro pela Editora Mundo Cristão. É a chance de uma nova geração de leitores – novos casais, grávidas e pais – conhecerem seu trabalho literário. E um ambiente propício para que a autora use toda sua bagagem no campo da espiritualidade cristã e da sabedoria bíblica a serviço do milenar trabalho de educar crianças. Em uma sociedade pós-moderna, cada vez mais pluralista, com valores e princípios contraditórios nos atingindo diariamente pela televisão e internet, a abordagem escolhida por Cris Poli neste novo trabalho é uma espécie de porto-seguro para os pais.

Neste livro, Cris se vale de sua trajetória como educadora, de sua formação acadêmica e de sua bela biblioteca, e intercala tudo isso com casos de sua própria experiência como mãe e avó, sua vida pessoal desde os tempos de Buenos Aires até hoje e suas convicções como cristã. O resultado é um livro-conselheiro, cujas páginas passam rápida e serenamente, como se conversássemos à mesa com uma velha e querida amiga. Bem-vinda à nossa casa, Supernanny!

RICARDO ALEXANDRE
Editor

INTRODUÇÃO

A responsabilidade da educação dos filhos é dos pais – do pai e da mãe. Essa é uma premissa importante que devemos aprender, amadurecer, e sobre a qual devemos refletir antes de tomar a decisão de ter um filho. É fundamental que o casal assuma, em conjunto, esse trabalho.

Essa unidade na educação dos filhos independe do fato de os pais morarem juntos ou estarem separados. Pela experiência junto às 105 famílias visitadas pelo programa *Supernanny*, esta constatação é clara: quando pai e mãe compartilham a visão e o senso de propósito para a educação de seus filhos, o resultado no comportamento (e na mudança de comportamento) das crianças é muito melhor e mais eficaz.

Pais responsáveis educam juntos foi escrito para que o pai e a mãe leiam-no juntos, capítulo a capítulo, analisando as dicas e os casos apresentados. Espero que o livro estimule o diálogo e a troca de ideias entre o casal, para que cada família leitora chegue à unidade de pensamento e a conclusões harmônicas.

No final de cada um dos sete capítulos há uma seção denominada "Cantinho da reflexão", cujo propósito é estimular a reflexão dos pais para sua própria realidade na educação dos filhos. Espero que vocês, pais, possam utilizar essa ferramenta com sinceridade, sem culpa ou julgamento. E que todos os leitores utilizem o livro nesse processo de amadurecimento como casal, e que tenham grandes benefícios na educação de seus filhos.

Deus os abençoe e ilumine nessa tarefa de formar seres humanos para a vida.

Um forte abraço.

Cris Poli
Julho de 2011

CAPÍTULO 1

QUANDO TUDO É NOVIDADE

Os filhos são um presente do Senhor; uma recompensa que ele dá.

SALMOS 127:3

Hoje em dia não é muito comum que dois jovens namorados se casem pensando em ter filhos, especialmente depois que a mulher conquistou seu lugar no mercado de trabalho.

Há trinta ou quarenta anos, as pessoas se casavam *para* ter filhos. Era uma visão totalmente diferente. O dicionário, assim como a Bíblia, diz que uma família é "pai, mãe e filhos", mas atualmente o casal adia a chegada dos filhos para até cinco, seis anos ou mais após o casamento. E, apesar de todo esse tempo, a maioria não se prepara para a chegada do filho.

O despreparo às vezes ocorre porque o casamento foi feito às pressas, por causa de uma gravidez; às vezes porque o casal é pego desprevenido. Seja como for, quase nunca há uma conversa mais profunda sobre que tipo de família ambos pretendem construir. Mas, dali a pouco, o bebê chega. Um pequeno ser humano que não pediu para nascer, e pelo qual somos responsáveis.

Existe um conceito generalizado na cultura de que o casal tem um filho para que sua vida não fique "vazia", para que o bebê espante a monotonia da rotina entre dois adultos. É o velho problema de pensarmos em nós mesmos. Mas, contrariando o senso comum, educar tem a ver com doação. Tem a ver com transmitir princípios de vida, formar caráter, dar à criança o que há de melhor dentro de nós. Quando somos pais (e, devo dizer, principalmente quando somos mães) é que podemos experimentar algo minimamente semelhante ao amor de Deus por nós. É um sentimento muito difícil de explicar, mas que reconhecemos na hora em que pegamos nosso filho nos braços pela primeira vez.

O primeiro filho

Casais sentem os efeitos da chegada de um bebê de maneiras muito diversas, dependendo basicamente de sua trajetória conjugal até o dia do parto. Se estão casados há muito ou pouco tempo ou se nem estão casados. Se aproveitaram muito ou pouco o período sem filhos e se foram românticos ou não. Se a gravidez foi planejada ou não, quanto se prepararam ou não etc. Se há uma regra geral, é que um primeiro filho produz grande impacto nas emoções e na rotina de qualquer casal.

Comigo, por exemplo. Eu sonhava ser mãe desde os tempos de menina, mas, embora os exames nada acusassem, demorei muito para engravidar, segundo os padrões da década de 1970. Cheguei a pensar em adotar uma criança, ideia que abandonei após longas conversas com meu marido, Luciano – afinal, éramos fisicamente capacitados para ter o filho que tanto desejávamos. Só engravidei quatro anos depois de casada. Meu primeiro filho, Federico, foi gerado cercado de expectativas, principalmente minhas. Afinal, eu não podia fugir à regra das gestantes, os seres mais ansiosos do mundo.

Hoje avalio os nove meses como um período muito positivo de reflexão e preparação, quando pude concluir e reavaliar o que realmente queria. Há algo que sempre costumo dizer às famílias com quem trabalho: uma criança não é um boneco com o qual brincamos de casinha; é um ser humano sobre quem temos responsabilidades de criar, formar e educar.

Esse tempo de preparação pode servir como um período altamente produtivo, de busca por informação e orientação. É importante ler livros, consultar especialistas, assistir a programas de TV, buscar a sabedoria dos futuros avós. Mas o primeiro passo de toda preparação é estabelecer o diálogo entre o casal – sobre a educação que essa criança vai ter, por exemplo. Avaliem as experiências pessoais que você e seu cônjuge tiveram. Analisem erros e acertos de cada um e o que pretendem mudar na educação do filho que está chegando.

De fato, é um tempo de ajuste para os pais em vários níveis. Na vida pessoal, se o casal não estiver muito convicto e estruturado, toda a atenção, disposição e disponibilidade que uma criança exige pode realmente abalar o casamento.

Conheci meu esposo quando ainda éramos crianças. Eu com 5 anos, ele com 8, recém-chegado da Itália com sua família. Morávamos próximos um do outro em Buenos Aires, na Argentina, e brincávamos juntos pelas ruas do bairro. Luciano foi meu primeiro namorado. Namoramos desde que eu tinha 13 até meus 17 anos, quando, me sentindo cansada e "sufocada" pelo que considerava um espírito um tanto possessivo, rompi. Passamos pouco mais de dois anos separados até nos reencontrarmos, por acaso, em Mar Del Plata, na casa de um amigo comum. Namoramos por mais dois anos e finalmente nos casamos.

Éramos amigos muito próximos havia muitos e muitos anos, mas, mesmo assim, a convivência foi bastante complicada. O primeiro ano foi tão difícil e tão repleto de ajustes que, no aniversário de casamento, saímos todos, com nossos pais, para comemorar o incrível fato de termos conseguido conviver durante aquele período de doze meses! Foram ajustes violentos. A família, os hábitos, a cultura da família dele e da minha, tudo era muito diferente. Fico imaginando quão mais violenta teria sido a adaptação se não nos conhecêssemos tão bem. E, ainda, quão complicado teria sido se tivéssemos tido um filho logo no primeiro ano.

É justamente por isso que costumo dizer que, se o casal estiver em crise ou passando por adaptações profundas, a chegada de um bebê só tende a piorar o relacionamento. Recomendo sempre que os problemas sejam resolvidos ou minimizados e, especialmente, que o casal curta essa fase tão especial para os dois antes de receber um bebê. Uma criança é um presente de Deus, mas junto dele vem um "pacote completo", que inclui a demanda por grandes responsabilidades.

Um dos casos marcantes pelos quais passei no programa *Supernanny* foi auxiliando uma família de quatro filhos. Para início de conversa, a mãe me disse que não se sentiu preparada para ter o primeiro filho, nem o segundo, nem o terceiro, nem o quarto! Inadmissível. O que aconteceu com esse casal foi um típico caso de falta de atitude para resolver as demandas dos filhos, qualquer um deles. À medida que as crianças cresciam, os problemas se intensificavam e se inter-relacionavam. A caçula era, aparentemente, o pior caso. Passava os dias no colo de todo mundo: da mãe, durante o horário de trabalho do pai; do pai, à noite; dos irmãos, quando os pais estavam ocupados. O filho mais velho era um garoto solitário e belicoso que tentava chamar atenção brigando com todo mundo, inclusive com a caçula, que chorava o tempo todo. Quando ele tentava reclamar da garotinha para a mãe, ela assumia não ser capaz de dar conta dos filhos e apelava para o descaso. Entre todos, imperava o sentimento de abandono, tristeza, falta de carinho e baixa autoestima.

Na verdade, o problema não era esse, e foi resolvido de um minuto para outro, quando sugeri que ninguém mais pegasse a caçula no colo, que apenas a deixassem chorar. Pronto, acabou. Todo o resto foi se encaixando como num efeito cascata. Mas tive de dar um chacoalhão no casal e fazê-lo entender que a mudança dependia deles, dos pais. Aceitar essa realidade é o momento-chave do processo. Eu levo métodos, proponho atividades, proporciono momentos de descontração e brincadeiras, de toque e abraço entre pais e filhos. Entretanto, se o casal não assumir sua responsabilidade na mudança e a manutenção do trabalho como parte de sua rotina, nada acontecerá.

Quem não está disposto a assumir responsabilidades ou a se preparar para criar uma família, é melhor que reavalie seu desejo de ter filhos. Será melhor para todos.

Dica da Cris:

Criança não pede para nascer. Ter um filho é coisa séria. Preparem-se, principalmente para a chegada do primeiro filho. O aprendizado e a experiência vêm com o tempo.

Amamentação

No Brasil, o Ministério da Saúde recomenda que o bebê seja amamentado até os 2 anos. Essa regra é muito importante para famílias carentes, que não conseguem prover uma alimentação equilibrada à criança. Nas famílias de classe média ou alta, nas quais, geralmente, o pai e a mãe trabalham fora de casa, a maior parte das crianças de 2 anos já frequenta a escolinha, já conhece as papinhas e frutas, e já desmamou há um bom tempo.

Meu filho Federico mamou até seu primeiro aniversário. Tive de desmamá-lo de um dia para o outro, porque já estava "viciado" no peito: ele ficava nervoso e a única forma de acalmá-lo era dando-lhe de mamar. O médico recomendou que eu o desmamasse. Nos três dias seguintes, Federico passou as noites chorando, mas logo se acostumou e parou.

Hoje, sei que quanto mais o tempo passa, mais difícil se torna o processo de desmame, tanto para a mãe quanto para o bebê. E o motivo é óbvio: a amamentação consiste num dos momentos de maior contato e vínculo entre mãe e filho. Meu marido foi amamentado até 2 anos. Ele conta que a "operação" para tirar-lhe o peito foi tão complexa que sua mãe teve de levá-lo para a casa de uma tia por uma semana, para que não tivesse contato com ela. Depois de sete dias, ao ser trazido de volta para casa, ao ver a mãe, suas primeiras palavras foram: "*Mamma! Teta!*"

Curiosamente, um caso envolvendo amamentação foi abordado no programa de estreia de *Supernanny*. Naquele episódio, uma menina de 4 anos, a mais nova entre três irmãos, ainda mamava no peito, diariamente. Sempre que ela solicitava, a mãe lhe oferecia o leite. E caso tivesse o pedido negado, a menina tinha ataques de birra que colocavam a casa abaixo, literalmente. Os sofás estavam esfaqueados; os boxes dos banheiros, arrebentados. Ela não tinha rotina, nem regras ou disciplina. Na verdade, os hábitos da família toda estavam errados. Como a menina não jantava, acordava aos berros por volta das duas da madrugada e obrigava os pais a levantarem para preparar-lhe comida.

Meu grande trabalho foi convencer a mãe de que desmamar a menina só faria bem. Disse-lhe que a menina estava crescendo fisicamente, mas emocionalmente ainda era bebê – e isso poderia até gerar uma atrofia emocional. Cheguei ao ponto de dizer que era evidente para todos que aquela amamentação só fazia bem à própria mãe, que precisava manter sua filha dependente emocionalmente tanto quanto conseguisse. A mãe, chorando, reconheceu. Foi um momento difícil, mas necessário para as mudanças que viriam.

Para desmamar, a única coisa indispensável é a mãe estar convicta de que se trata da melhor coisa a fazer e do tempo certo para isso. Resolvido, interrompemos a amamentação! Claro que a garotinha não gostou nem um pouco e chorou. Nos dias seguintes, sempre que pedia o peito, seu pai tirava a menina de perto, a distraía com algum brinquedo ou lhe oferecia a mamadeira. Isso envolveu o pai no processo e ajudou a mãe a ganhar forças para se manter firme na decisão. Em pouco tempo, a garotinha já havia esquecido os tempos de aleitamento materno.

Algum tempo depois, visitei outra família com três crianças. Um deles, um bebê de 7 meses, mamava o dia inteiro no peito. Sugeri que ela começasse a reduzir a quantidade de mamadas durante o dia – que eliminasse as mamadas do dia. Com isso, o bebê passou a mamar apenas ao acordar e ao dormir. Assim que viu o plano ser colocado em prática, o bebê fez greve de fome durante todo um dia! Ainda que já tomasse sopinhas e sucos, o bebezinho resolveu rejeitá-los. "E agora?", perguntou a mãe, preocupada. "Agora não faça nada; ele está só fazendo birra", respondi. Dito e feito. No dia seguinte, ele voltou a comer e aceitou a mudança no hábito de mamar.

Se a mãe não tivesse essa convicção, poderia fraquejar ao ver o filhinho sem comer. Nessas horas, faz muita diferença ter alguém de fora da família para dar suporte, porque a mãe está ligada emocionalmente ao filho, e tem mesmo de ter muita força para se desvincular. Vale o mesmo para os hábitos da mamadeira e da chupeta:

os pais têm de entender que ambas são ferramentas úteis em uma fase do desenvolvimento da criança, que servem para acalmá-la e para suprir a necessidade de sucção, mas chega um momento em que se tornam desnecessárias, pois aquela fase foi superada; a criança já amadureceu.

Minha neta de dois anos e meio consegue passar o dia sem a chupeta, mas ainda a usa para dormir. Tenho dito a minha filha: “Vá preparando nossa garotinha para que aos três anos ela largue a chupeta de vez!”. Ela já pediu uma boneca em substituição. Esse “truque”, aliás, é uma técnica saudável que pode ser usada sem nenhuma restrição. Se a criança aceitar o presente e trocar pela chupeta e/ou mamadeira, é sinal de que já está amadurecendo. Aconselho que a criança largue a chupeta preferencialmente com até 3 anos.

Deixar a fralda é algo que também ocorre nessa faixa etária, entre os 2 e 3 anos. É uma questão de maturidade do organismo, de o bebê tomar conhecimento sobre o funcionamento de seu corpo, de sua bexiga, de seu intestino, e como controlá-los. Nesse processo, ainda usando fraldas, a criança passa a avisar quando quer fazer xixi ou cocô. Outro sinal da consciência de funcionamento de seu organismo é quando a criança acorda com a fralda seca: isso quer dizer que já está controlando a bexiga durante a noite. Eu recomendaria que os pais tirassem a fralda de uma vez. Foi o que eu fiz com meus três filhos e o que sugeri que fosse feito com meus netos, sempre com bons resultados. Tirar durante o dia e deixar à noite, ou tirar em casa e deixar nos passeios são coisas que só confundem a cabecinha da criança.

Nos últimos anos chegaram ao mercado alguns modelos de penicos incrementados que tocam musiquinha quando a criança faz xixi ou cocô. Elas adoram, porque suas necessidades são "recompensadas" por diferentes barulhinhos. Outro belo momento que os pais podem produzir é pegar o penico, jogar a sujeira no vaso sanitário e divertir-se dando tchauzinho. Com meu filho Federico ocorreu algo muito engraçado, quando ainda morávamos na Argentina e minha mãe nos acompanhava de perto. Ela sempre dizia para ele: "Olha que cocô mais bonito que você fez!" ou "Olha que xixi bonito!", até o dia em que ele se intrigou e perguntou: "Vovó, se meu cocô é bonito porque a gente tem que jogá-lo fora?". Minha mãe ficou completamente sem reação, maravilhada diante da inteligente questão levantada pelo primeiro neto.

Até hoje fico impressionada com a quantidade de *e-mails* que recebo questionando sobre crianças que se recusam a usar o vaso sanitário e insistem em fazer as necessidades na fralda. Isso geralmente ocorre com pais desatentos à evolução e ao amadurecimento de seus bebês. A criança tem o tempo certo para cada novo passo. Se a família se precipitar ou for relapsa, pode criar problemas que podem ser sentidos no futuro da criança.

Dica da Cris:

A amamentação corresponde a um período da vida da criança em que esse vínculo estreito com a mãe é fundamental. Ajudem seu filho a amadurecer à medida que ele cresce.

O quarto do bebê

O ideal é que a criança tenha um quarto só para ela, desde a chegada da maternidade. É aceitável que fique com os pais durante os primeiros dias, quando ainda está se adaptando à casa, desde que os pais não se esqueçam de que nenhum bebê nasce apegado à cama do casal. Dormir com os pais é um hábito que os próprios adultos desenvolvem nos filhos, do qual se arrependem amargamente quando, exaustos, perdem o controle e não sabem como agir.

Um senhor conhecido me perguntou recentemente como ele poderia tirar o filho da cama do casal. O menino já tinha 10 anos (!) e não queria ir para o próprio quarto, pois havia se acostumado à cama dos pais. Expliquei que ele e sua esposa deveriam assumir a postura de tirar o garoto de lá imediatamente, sem pestanejar, mesmo que ele reagisse e fizesse birra. Dali a algumas semanas, reencontrei-o e o assunto voltou à tona. Ele me disse que a situação estava difícil, que o garoto até havia concordado, depois de muita briga, a dormir em seu quarto, mas, de birra, desde então só dormia embaixo da própria cama e não dirigia mais a palavra aos pais. Aconselhei-o que ficassem firmes. Que deixassem o garoto com sua birra. Em algum momento, ele cansaria e cederia. Depois de bastante tempo e, como consequência da perseverança dos pais, o pré-adolescente se acostumou a dormir sozinho em seu quarto.

Uma coisa é ir para cama dos pais uma vez ou outra, em um final de semana ou em algum dia especial, para assistir a um filme, ou numa manhã de sábado, logo ao acordar. Outra é fazer da cama dos pais o seu local preferencial de dormir. É muito errado sob qualquer aspecto que o filho acabe com a privacidade dos pais, tirando-lhes um dos poucos momentos que ainda têm para conversar e ficar juntos, como casal.

Dica da Cris:

Toda criança deve dormir, de preferência, em sua cama e em seu quarto. Dormir na cama e no quarto com os pais não é bom para ninguém!

Os dentinhos

Os primeiros dentes costumam aparecer quando o bebê tem entre cinco e seis meses. É fácil perceber quando eles estão surgindo: a criança fica irritada, a gengiva não para de coçar, ela saliva excessivamente, seu humor muda e ela passa o dia tentando morder tudo o que vê pela frente. O importante nessa fase é que o bebê seja acompanhado por um pediatra, que verifique se tudo está ocorrendo como deveria. Normalmente, os médicos até receitam alguma pasta anestésica para aliviar a dor e a coceira.

A partir do momento em que os dentinhos começam a aparecer, os pais já podem iniciar a escovação. Há várias possibilidades e técnicas para incentivar o hábito da escovação. Existe uma luvinha de dedo, meio enrugada, que a mãe fricciona na boca do bebê com creme dental, sem flúor. É uma forma de a criança desenvolver esse hábito, até que ela saiba que deve, ela mesma, fazer sua higiene bucal. Muitos dentistas se especializam no tratamento de crianças, com consultórios coloridos e acolhedores.

Nunca é demais lembrar que a responsabilidade de cuidar da saúde das crianças é dos pais, especialmente em uma área em que os resultados (ou os danos) não aparecem imediatamente. A falta de hábitos bucais saudáveis pode até levar o futuro adulto a perder os dentes precocemente.

Dica da Cris:

Criem em seu filho o hábito de uma boa escovação diária desde o aparecimento dos primeiros dentinhos. É importante e saudável.

Alimentação

Os pais devem explicar aos filhos a importância de uma alimentação saudável. E isso deve ser feito a partir dos

2 anos, quando a criança já consegue entender algumas conversas. Entretanto, nenhum discurso vai funcionar se não houver bons exemplos dentro de casa. Em outras palavras: não adianta nada os pais viverem à base de hambúrguer e batata frita e exigirem que os filhos comam legumes.

Para incentivar a criança na hora da refeição, vale caprichar nas cores dos alimentos e também usar pratos e talheres feitos especialmente para elas, com desenhos e formatos infantis. Tudo para as crianças deve ser assim – são estratégias para prender sua atenção. Sou completamente contra oferecer papas depois que as crianças já conseguem mastigar. Além das papinhas serem desestimulantes, acabam com a possibilidade de as crianças distinguirem os alimentos, seus sabores e suas texturas.

Atendi um casal que tinha duas meninas – a mais velha com 7 anos e a pequena com 3. Os pais reclamavam que nenhuma das duas se alimentava bem. Era o pai o responsável por preparar a comida. Ele apelava para o que lhe parecia mais prático: colocava diversos alimentos dentro do liquidificador, batia e depois congelava. Na hora das refeições, ele simplesmente descongelava a papa, esquentava, colocava em um único prato e, com uma única colher, dava na boca para as duas. Fiquei impressionada. No dia seguinte, levei pratos, facas e garfos coloridos e pedi que oferecessem a elas uma refeição normal, com alimentos sólidos. A mais velha ficou tão feliz que, emocionada, perguntou à mãe: "Por que você nunca me ensinou a comer?".

Dica da Cris:

As crianças aprendem muito mais pelo que veem do que pelo que ouvem. Sejam ótimos exemplos para elas — também na alimentação.

A chegada de mais um filho

O primeiro filho deve saber da chegada do irmão tão logo os pais descubram a gravidez. Acompanhando o crescimento da barriga da mãe, ele poderá compartilhar desse momento e sentir-se parte do processo. O casal deve dizer à criança que aquela será uma experiência única, fantástica, e que, em breve, chegará um companheiro de brincadeiras que o verá como um exemplo a ser seguido.

O incentivo é fundamental para que o primeiro filho não pense que o bebê virá tirar-lhe o lugar ou substituí-lo. Vale comparar as duas gestações, mostrar o tamanho da barriga, as fotos da gravidez anterior, fazer todo o possível para que o primogênito compreenda o processo do qual está participando.

A alternativa de deixar que a criança descubra a novidade "sozinha", ouvindo conversas com os avós sobre certa nova pessoa ou observando os pais mudando a decoração do quarto é uma péssima opção. O filho pode se sentir rejeitado e deixado de lado. É claro que, de um jeito ou de outro, as crises de ciúme poderão vir, mas, quando a gravidez e o nascimento do irmão são encarados como algo divertido e estimulante, tudo fica mais fácil de administrar.

É muito fácil esquecermos que, nos primeiros meses de vida, boa parte do contato físico e da atenção que o bebê precisa ele já tem ao mamar, durante o banho, na troca de fraldas e quando lhe colocam para dormir. Quem *realmente* precisa de tempo, de atenção e de conversa é o filho mais velho. Entretanto, o que geralmente acontece é que as visitas chegam com presentes e mimos para o recém-nascido, elogiam sua graça, sua beleza, e o filho mais velho se sente colocado de escanteio. Pequenas atitudes – como elogiá-lo, agradá-lo – podem parecer sem importância, mas a criança nota essa atenção. Uma sugestão: quando for visitar um bebê recém-nascido, leve uma lembrancinha também para o irmão mais velho. Ele vai ficar feliz.

Federico tinha dois anos e três meses quando Esteban nasceu. Ele pedia para que o aproximássemos do berço para "fazer carinho" no irmão mais novo. Entretanto, quando chegava perto, dava um tapa no bebê. Eu e meu marido reaproximávamos os dois – afinal, se de um lado evidentemente não desejávamos aquela reação, por outro também não podíamos negar que o mais velho acariciasse o irmão. Mas Federico era agressivo outra vez.

O pediatra nos recomendou atenção, mas garantiu que esse sentimento duplo é perfeitamente natural: o bebê é o irmãozinho amado, mas é também aquele que "tirou o posto" do mais velho. Raiva, ciúme e tristeza surgem em uma criança que não sabe identificar ou canalizar seus sentimentos. A atitude correta dos pais é a correção, sem maltratá-la nem fazê-la sentir-se ainda pior.

Certa vez dirigi uma dinâmica muito interessante com o objetivo de incentivar as crianças a reconhecerem e expressarem seus sentimentos. Montei um grande quadro com várias opções de adesivos com palavras que remetiam a sensações diversas – "alegre", "feliz", "com raiva", "chateado", "desanimado". Ao longo do dia, a criança deveria fixar os adesivos com os quais se identificasse, para, à noite, conversar com os pais sobre os porquês de estarem se sentindo assim. Essa dinâmica tem dado ótimos resultados, porque ajudam crianças tímidas a estabelecer contato com os pais. A partir dela, os pais costumam promover o diálogo e a aproximação com os filhos.

Dica da Cris:

Demonstrem o amor que sentem por seus filhos por meio do toque, do beijo, do abraço, da conversa e do tempo de qualidade que passam com eles. É um investimento que dará frutos durante toda a vida deles.

A idade ideal

Não existe diferença de idade ideal entre um filho e outro. No caso da minha família, ficamos muito satisfeitos com o espaço de dois anos e três meses entre os dois primeiros, e dois anos e meio do segundo para o terceiro. Os três vieram na sequência. Criei-os praticamente juntos, com necessidades e afinidades semelhantes para as brincadeiras. A pouca diferença de idade entre os filhos exige mais dos pais, um trabalho que pode ou não valer a pena, dependendo da disposição e da disponibilidade do casal. Claro que nem todas as variáveis estão nas mãos eles, mas é muito melhor planejar sempre que possível.

Meu marido, por sua vez, é dez anos mais velho que seu irmão. Aí eu já acho demais. Como o pai deles tinha mais de 40 anos e aqueles eram tempos diferentes, meu marido acabou sendo mais pai do que irmão. Irmãos com grande diferença de idade têm interesses diferentes e conversam sobre coisas diferentes, com linguagens diferentes. Perdem alguns aspectos mais importantes da relação familiar, que é a possibilidade de serem companheiros, cúmplices, que socializam e brincam juntos. Os pais podem estimular esses momentos em família com atividades em que todos participam.

Como regra, eu desaconselharia aos pais terem filhos únicos. Claro que uma decisão dessas depende de muitos fatores, mas o ideal é que a criança cresça convivendo com irmãos. Filhos únicos costumam ser egoístas, não sabem muito bem como agir com outras pessoas e se acham os verdadeiros reis da casa, o que é, evidentemente, um perigo para eles mesmos.

Dica da Cris:

Sejam sempre sinceros com as crianças e mostrem-lhes como é bom viver em família.

CANTINHO DA REFLEXÃO

- Vocês acreditam em paternidade consciente?
- Vocês têm lido ou estão lendo livros que tratam do assunto?
- Vocês acham que é importante preparar-se para a chegada dos filhos, principalmente o primeiro? Por quê?
- Suas atitudes têm sido um bom exemplo para seus filhos?

CAPÍTULO 2

DISCIPLINA É AMOR

Meu filho, não fique revoltado quando for disciplinado pelo Senhor. Não fique desanimado quando ele o corrigir, pois o Senhor disciplina quem ele ama, assim como um pai cheio de amor faz ao seu filho.

Provérbios 3:11-12

O conceito por trás da palavra "disciplina" é quase sempre distorcido e mal compreendido. Disciplinar tem a mesma raiz do verbo "discipular", que significa educar, treinar, ensinar. Quando entendemos isso, tomamos consciência da nossa responsabilidade na educação dos filhos. Disciplina tem a ver com educação, não com castigo ou punição. Deixar de disciplinar as crianças é deixá-las entregues a si mesmas (Pv 29:15).

"Ah, estou tão cansado, trabalhei o dia inteiro. Será que vou ter de disciplinar meu filho agora?" Essa é uma dúvida que não deve existir, porque bons pais ensinam os filhos a todo momento. Colocar limites, dizer "não" faz parte da nossa função, da nossa responsabilidade. Não castiguem seu filho; ensinem-no, ainda que para isso vocês tenham de suspender, por alguns dias, privilégios como assistir à televisão, ou tenham de encaixotar os brinquedos favoritos dele.

Colocar regras é estabelecer bases para um relacionamento. Quando seu filho desobedece, não são vocês que o estão punindo; ele próprio optou por um caminho que exige correção. É bíblico: o pecado traz uma consequência ruim; a obediência, uma consequência boa. A responsabilidade pelos atos da criança deve ser da criança, sempre, e isso é um conceito absolutamente positivo.

Limites saudáveis *versus* rigidez excessiva

Todos precisamos de limites. Descobrir até onde podemos avançar e aprender a conviver dentro dessas fronteiras é sinal de respeito com aqueles que estão a nossa volta. Não poderia ser diferente com as crianças. Esse é o primeiro grande ponto sobre disciplina que os pais devem aprender. A segunda grande questão é saber com que rigidez essa disciplina deverá ser aplicada.

Educar é uma construção diária que precisa de dois pilares para manter-se de pé: amor e limites. Ambos, em constante equilíbrio, são necessários para o bem da criança. Se os pais só dão amor, tornam-se permissivos e não a preparam para enfrentar a realidade do mundo. Se estabelecem apenas os limites, tornam-se rígidos e autoritários. A equação adequada é: *amor (entrega) + limites (segurança) = educação eficiente.*

Houve uma única vez no programa *Supernanny* que agendamos a participação de uma família com apenas um filho – até porque o menino valia por uns quatro. Os pais do garoto trabalhavam o dia todo, e ele, logo que voltava da escola, ficava em casa, com a avó. O menino a maltratava demais: xingava, desobedecia e agredia, sem o menor conhecimento de limites ou respeito à autoridade. Os pais não se posicionavam. A mãe se preocupava, mas não tomava nenhuma atitude. O pai adotava o estranho modo de tratar o menino como se fosse adulto. Quando ficava sabendo do mau comportamento do filho, o pai o levava até o quarto e passava um tempão conversando e argumentando em uma linguagem que nem de longe prendia a atenção de um garoto que, com 4 anos na época, não conseguia compreender.

Quando comecei a trabalhar com as regras, o menino estava sozinho em casa com a avó. Em uma das atitudes de desobediência, ele saiu correndo para a rua. Como a avó não tinha condições físicas de detê-lo, eu é que tive de correr até a rua. Ele reagiu. Gritava, me chutava, me cabeceava, se debatia, enquanto eu tentava fazê-lo se sentar e se acalmar. Tive de imobilizá-lo por trás, segurando pela roupa, porque ele não aceitava nenhum limite. Fiquei muito tempo nessa situação até que ele começou a chorar. Bem nesse momento os pais chegaram do trabalho. Eu pedi que não interviessem, mas que observassem o comportamento dele. É claro que ninguém gosta de ver um filho numa situação daquelas. A mãe até chorou. Mas foi no meio daquela confusão que deu para notar que o garoto começava a entender a situação. Quando ele se acalmou, chamei a mãe, comuniquei o que havia acontecido e, juntas, lhe dissemos que ele nos devia desculpas. Aquele foi o início de sua mudança.

Depois de três anos, voltei àquela casa para um episódio especial do programa. O menino estava uma graça. Os pais continuavam com os mesmos princípios, mas, em vez das regras que eu havia deixado, eles próprios (com a ajuda da criança) elaboraram novos objetivos. Durante minha visita, repassamos uma a uma as regras, inclusive para escolher quais já estavam totalmente assimiladas e podiam ser descartadas. Uma delas dizia "Não bater na vovó". Sobre ela, o garoto disse: "Mãe, deixe por mais um tempo, porque essa eu ainda tenho de aprender melhor". Esse tipo de atitude me dá a maior satisfação, porque comprova o que costumo dizer: a educação não deve ser baseada na força ou no medo, mas em princípios e boas atitudes. Esse caso foi exemplar e muito instrutivo.

Na realidade, criar regras para crianças é algo muito simples: os pais devem saber o que querem e depois ensinar a seus filhos. Pronto. Quais maus comportamentos eu quero mudar nas crianças? Faça uma listinha e estabeleça regras para reverter esses hábitos. Se seu filho fala muitos palavrões, a regra deve ser: "Não falar palavrões". Não faça uma lista muito longa, para que não lhe soe inatingível. Seis ou sete itens bastam quando as crianças têm entre 2 e 4 anos, podendo chegar aos 10 itens para crianças mais velhas. Aconselho a redigir algumas regras de forma positiva – "Arrumar os brinquedos" ou "Comer toda a comida" – para que a criança não tenha a impressão de que está proibida de fazer tudo.

Se ela insistir nas atitudes erradas, os pais têm de explicar e mostrar a regra novamente – afinal, o próprio princípio de seguir regras é algo a ser ensinado. Dessa forma, a rotina inicial é chamar a atenção da criança, explicar a regra, conversar, advertir. Se ela voltar ao erro, os pais devem chamá-la de novo, explicar a regra a que desobedeceu pela segunda vez e levar ao cantinho da disciplina para que reflita e finalmente entenda. O cantinho da disciplina é um espaço da casa para onde a criança deve ser levada cada vez que desacata regras, e onde permanece refletindo no que fez, durante um tempo proporcional à sua idade (1 minuto por ano de vida). Se ela se rebelar, deve retornar a esse cantinho tantas vezes quanto for necessário. Os pais podem ajudar o filho a aprender a cumprir regras – como, por exemplo, recolher junto com ele os brinquedos espalhados – até que o filho adquira o hábito e obedeça à regra, sozinho. É uma forma de a criança notar que os pais participam de seus desafios.

O ser humano entende ordens desde a primeiríssima infância. O bebê não sabe o significado da palavra *não*, mas entende perfeitamente o tom de voz e o gesto das pessoas. É por isso que os pais devem estar sempre atentos: as gracinhas que os bebês fazem e os adultos costumam achar engraçado (falar palavrão, num exemplo típico) serão repetidas o tempo todo, para todo mundo, pois a criança entende que o adulto gostou e aprovou sua "graça". Pode apostar. Ou seja, assim como as crianças entendem o sorriso, o abraço e o beijo como sinais de aprovação, elas devem estar preparadas desde cedo para entender o *não*.

Aos 2 anos, quando a criança já compreende o conceito de regra propriamente dito, é hora de aplicar-lhe um método de disciplina. Meus netos, que, "corujismo" à parte, eram bebês espertíssimos, começaram um pouco antes. Meus filhos me telefonaram perguntando minha opinião, se podiam estabelecer as regras. Respondi que, na pior das possibilidades, os bebês não entenderiam – apenas isso –, e eles teriam de repetir muitas vezes sua ordem até que as crianças tivessem maturidade suficiente para absorver o conceito. Mas meus netos entenderam perfeitamente, e essa primeira fase de educação foi muito tranquila.

Quando os pais têm atitudes firmes e aplicam regras, as crianças instintivamente os reconhecem como autoridade. É o mesmo "radar" que as informa quando seus pais estão tristes, alegres ou preocupados. O bebê pode até não saber exatamente o que está fora de contexto, mas intui o que está acontecendo em casa. Com o passar do tempo, se houver um diálogo aberto entre pais e filhos, a criança vai perguntar; caso contrário, ela simplesmente engolirá as regras e mudará o comportamento.

Presenciei o caso, em uma das primeiras temporadas do programa, de um casal que estava em processo de divórcio. Eles tinham dois filhos, um garoto de 11 anos e uma menina de 4. A situação estava entre o separa e o não separa, a mãe já não queria o marido em casa porque as brigas eram constantes. A cada nova briga, o pai se mudava para a casa de sua mãe, bastando para isso subir as escadas do sobrado onde moravam.

Aquela situação deixava o menino mais e mais agressivo com a mãe, com a irmã, com todos. Observei e concluí que ele tentava canalizar toda sua energia, de forma destrutiva, para algum alvo. Era um ambiente estressante, por mais que os pais se recusassem a admitir. Quando conversei com o garoto, ele, chorando, confessou que não sabia o que estava acontecendo com seus pais, não conseguia entender o que se passava com eles. Ele apenas "sentia" o clima da casa, mas ninguém jamais lhe havia explicado algo.

De fato, numa conversa reservada com os pais, eles confirmaram que nunca haviam conversado com o garoto sobre o que ocorria na casa. A menina, por sua vez, ainda era muito pequena, vivia alheia às brigas e não demonstrava grandes traumas. Eu reuni o menino e os pais para que finalmente conversassem. Após ouvi-los, o menino explodiu em choro. Não disse nada à mãe, mas se virou para o pai e o chamou de "bêbado": "Você não me dá atenção", disse. Aquilo acabou com o pai.

Não era preciso expressar em palavras a situação em casa para que a criança percebesse. Mas era uma questão de respeito com um filho pré-adolescente. Não por acaso, depois dessa conversa, ele melhorou muito.

Concordou, inclusive, em participar de um método, que eu propus, para que fosse restaurado o relacionamento com a mãe – ele estava muito bravo por ela estar "mandando o pai para fora da casa". O casal, infelizmente, acabou se separando.

Nesse exemplo, a agressividade da criança tinha um trauma como fator desencadeador. Mas há casos em que um pai violento extravasa a violência que sofreu quando criança. E há casos em que fatores genéticos podem ser determinantes. Como com uma criança adotada: os pais adotivos nunca conhecem as cargas genéticas do filho. Crianças gestadas por pais que usavam drogas, por exemplo, podem apresentar alterações de comportamento imprevisíveis. Entretanto essa tendência pode ser minimizada e até mesmo anulada se a criança crescer em um ambiente cheio de amor, carinho, compreensão e limites.

Dica da Cris:

Estejam convictos das escolhas que fazem quanto à educação de seus filhos. Trabalhem sempre sobre os conceitos e os princípios que querem que eles aprendam.

Filhos adotivos

Em um dos episódios de *Supernnany*, abordamos o tema adoção. Ajudei um casal em que a mãe, que já tinha uma filha biológica, havia sido diagnosticada com câncer no útero e decidira adotar uma menina. Dois anos haviam se passado e o grande dilema deles era como dizer à criança que ela havia sido adotada, recém-nascida. Os pais já diziam que ela era a "filha do coração", enquanto sua irmã era a "filha da barriga".

A grande dificuldade não era da menina, mas dos pais. Minha função era explicar que não havia um "momento certo" para revelar à menina, mesmo porque, aos 2 anos, ela sequer entenderia os detalhes. Além disso, já estava acostumada a ser chamada de "filha do coração". O mais curioso e bonito é que a filha mais velha sabia desde o início sobre a adoção da irmã, e em nenhum momento notei sentimento de superioridade ou ciúme. A menina realmente amava a irmã mais nova.

Minha primeira sugestão foi que o casal preparasse um álbum de fotografias, para mostrar à menina o momento em que ela havia entrado para a família, e declarasse nesse momento que ela era um presente de Deus e muito amada por todos. Depois de um tempo, eles poderiam simplesmente dizer que a mamãe ficara doente, não podia mais ter filhos "da barriga" e Deus enviara a "filha do coração". O mais importante era tratar o assunto como algo natural.

Houve um segundo programa com um caso de adoção. Foi a linda história de uma mãe divorciada, que tinha dois filhos. A moça trabalhava como voluntária num hospital e, naquele lugar, havia conhecido um menino, ainda no berço, que durante uma visita a segurou pela mão. A moça sentiu uma grande ligação com o menino. Sem pensar duas vezes, o adotou.

Na época da gravação do programa, o garotinho já tinha 5 anos. A mãe biológica tinha um histórico de dependência química. Como efeito, ele era superagressivo, e a mãe adotiva não tinha a melhor das estratégias para lidar com isso: "Se você continuar assim, eu vou te devolver!", ela costumava dizer. O pobrezinho chorava desesperado diante da ameaça e prometia se comportar dali em diante.

Tive de trabalhar muito ali. Finalmente, promovi um momento em que a mãe pediu perdão ao menino, disse que o amava e que, na realidade, jamais o devolveria. Foi um momento especial, no qual ela reconstruiu a história entre os dois.

Há o caso de crianças que perdem os pais, por exemplo, em um acidente. Nesse caso, todas as responsabilidades devem ser assumidas pelo familiar que ficar com a guarda. Esse adulto terá o dever de suprir as carências emocionais da criança, especialmente na difícil fase inicial, mas também terá de colocar limites a serem respeitados. O grande risco não está em a criança desobedecer-lhe – ela não tem opção, de fato, e vai acabar acatando, como qualquer criança faria. O risco verdadeiro é a educação promovida sem vínculo emocional.

Se os tutores souberem como era o modelo de educação dos pais, devem prosseguir na mesma direção. Será muito mais fácil para a criança se ela continuar a obedecer, ter responsabilidades e respeitar autoridade como fazia antes. Quando o modelo de criação muda radicalmente, surgem as dificuldades, que se somam ao sentimento de falta dos pais. Aos tutores só lhes resta manterem-se firmes. Afinal, ninguém tem culpa do que aconteceu, e a responsabilidade agora é deles.

Eu me recordo de um episódio muito tocante, com uma menina e seus dois irmãos. Eles perderam ambos os pais para o câncer num espaço de tempo muito curto, de menos de um ano. A menina era mais velha, fruto do primeiro casamento da mãe, mas havia sido criada e cuidada pelo padrasto como a própria filha. O primeiro a morrer foi o padrasto, seguido pela mãe, meses depois. As três crianças se viram sozinhas: seus familiares não eram muito próximos, mal acompanharam a doença e não lhes davam grande atenção. Para piorar, os tios tentaram separar os irmãos para adotá-los, contra a vontade das crianças.

Mas a irmã mais velha decidiu trancar a faculdade e assumir a guarda dos irmãos. Quando visitei sua casa, já havia dois anos que eles viviam dessa forma. Ela cuidava dos afazeres domésticos e dos irmãos – um menino na difícil fase da pré-adolescência e uma menina com alguns problemas emocionais devido a todos os traumas passados. A moça estava completamente perdida.

Os meninos não a aceitavam no papel de mãe. E, realmente, boa parte do meu trabalho foi fazê-la entender que ela não era a mãe da casa, nem nunca seria. O filho do meio, pré-adolescente, não tinha um bom relacionamento com as duas irmãs. Tentei reaproximá-los, mas, durante todo o tempo em que estive com eles, o menino ofereceu resistência. Somente quando o programa foi ao ar, meses depois, é que ele enxergou seu comportamento. Morrendo de vergonha, tomou consciência e mudou sua postura em relação às irmãs. Curiosamente, nesse caso, o resultado do trabalho só foi conhecido com as câmeras desligadas.

Dica da Cris:

Demonstrem todo o seu amor para essa criança com atitudes, gestos e palavras positivas. Mostrem que ela pode contar com a família!

Filhos deficientes ou com distúrbios mentais

Se os pais devem se preparar para a chegada de um filho, muito mais se ele for especial. A primeira providência do casal é preparar-se emocionalmente e estabelecer um grande diálogo entre si e com toda a família. Será preciso muita união e clareza de que poucos desafios são maiores do que este.

Depois do impacto inicial, os pais devem buscar informação especializada. Quais serão as limitações da criança? Quais suas chances de desenvolver uma vida autônoma? Quais os cuidados especiais na primeira infância? Como ela deve ser educada? Todas as informações serão necessárias a partir do instante em que ela nascer.

Aconselho aos pais que esqueçam a fatídica pergunta "por quê?" e a substituam por "para quê?". O que precisamos aprender com essa situação? Há um propósito de Deus para tudo na vida – e tentar entendê-lo faz parte do nosso processo natural de amadurecimento.

O amor entre pais e filhos será o mesmo. As diferenças surgem em pontos periféricos, como o tempo que passarão juntos, a atenção, os cuidados físicos e os gastos financeiros. Também a educação deve ser a mesma – guardando as evidentes adaptações que respeitem as limitações da criança.

Se ela tiver irmãos mais velhos, é importante que eles saibam de tudo desde a gravidez. Se os pais tratarem a situação com serenidade, sem preconceitos ou alarmismos, todos vão seguir essa atitude: "Seu irmão será diferente e especial, mas será tratado com respeito e amado por nós, ele brincará, dormirá e conviverá com toda a família". Dizer a verdade e compartilhá-la da melhor forma possível é sempre a solução correta.

Em um episódio de *Supernanny*, ajudei no caso de uma garota com síndrome de Down. Aos 12 anos, era a mais velha entre três irmãos. A menina estava entrando na puberdade e tinha os apelos hormonais típicos de sua idade, mas não sabia como controlá-los. Ou seja: se ela se sentisse atraída por algum menino, não tinha receio algum de partir em sua direção para tentar beijá-lo. Seus pais a haviam criado com muita naturalidade, em meio aos irmãos, mas, de repente, se apanharam em uma situação constrangedoramente nova.

Buscando uma solução, organizamos um bate-papo com representantes de entidades especializadas em atividades e informação para jovens com síndrome de Down. Foi uma ótima experiência para a mãe, que, ao conhecer outras pessoas enfrentando e resolvendo problemas semelhantes, pela primeira vez não se sentiu como uma rara ovelha negra. Um dos conselhos mais importantes que ouviu ali foi o de que sua filha precisava conviver com outros adolescentes com a mesma síndrome, para que ela se adequasse a seu contexto e desenvolvesse sentimento de pertencimento ao grupo. Nos encontros dessa entidade, crianças e adolescentes podiam dançar, cantar no karaokê, ter aulas de aeróbica e desfrutar de toda uma estrutura especialmente desenvolvida para eles. Demos orientação e suporte de duas instituições daquele tipo, que mantêm contato com a família desde então.

Dentro de casa, fizemos o tradicional trabalho de instituir regras. As principais eram iguais para os três irmãos, mas algumas eram especiais para ela, como "Não sair pelo condomínio sem avisar", por exemplo. Essa menina se apaixonou por mim desde o primeiro momento em que nos vimos. Ela dizia que ia ser a Supernanny de seu bairro e que gostava do meu lencinho. Tanto repetiu que, no meu último dia junto à família, acabei mesmo dando um lencinho para ela.

A pior coisa que pode acontecer com uma criança especial é ela ser superprotegida e tratada como um bibelô pela família. Isso faz mal. Ela precisa – e merece – ser tratada e educada como os irmãos, sem mais nem menos rigidez. À parte toda atenção médica, psicológica e educacional, ela precisa ser vista como uma criança normal – daí a importância de integrá-la em uma escola normal, na qual seja exigido desempenho semelhante ao de outros alunos.

O grande problema é que, embora a inclusão seja institucionalizada no Brasil, as escolas ainda não estão preparadas para receber alunos especiais. Sejam casos de deficientes visuais ou auditivos ou com síndromes, não há estrutura funcionando no país. Ouvi casos de professores que cuidavam de turmas com trinta alunos, cinco dos quais eram especiais. Sem professor-auxiliar, não era possível deixar de lado a maioria – e as crianças especiais acabavam desatendidas, sem a atenção necessária. Recomendo fortemente que os pais procurem entidades especializadas como AACD ou Apae, que desenvolvem trabalhos maravilhosos e não devidamente divulgados.

Dica da Cris:

Busquem apoio especializado para entender e desenvolver a capacidade de seu filho. Em paralelo, não deixem de enchê-lo de amor e carinho e de acreditar na sua superação.

Filhos “voluntariosos”

“Voluntarioso” é um adjetivo que serve para descrever pessoas que vivem pensando em satisfazer plenamente sua vontade, sem nenhum tipo de dilema ou consideração pelo outro. Uma criança voluntariosa é a popular criança manhosa, caprichosa, birrenta, aquela que quer tudo na hora, do seu jeito.

A atitude voluntariosa pode ser notada desde muito cedo: um bebê que chora e rapidamente recebe a mamadeira, por exemplo, aprende que o choro é uma ferramenta eficaz para que consiga sempre o que deseja. Não há forma mais primitiva de testar os limites. Mas como lidar com isso?

Os pais devem ser firmes e ensinar que nem sempre as coisas são como ou quando nós desejamos. Esse é um dos pontos fundamentais do processo de educação dos filhos, um dos elementos de base que eles levarão por toda a vida. É o que determinará sua personalidade quando adulto: se terá maturidade para enfrentar situações adversas ou se, por meio de diferentes reações, estará sempre demonstrando birra.

Quando meus filhos eram pequenos, nós viajávamos muito em família. Eu era a responsável por preparar a mala de todos eles, até o dia em que as crianças começaram a reclamar das roupas e dos acessórios que eu escolhia. Bem, era chegada a hora de transferir para eles essa responsabilidade. Se a murmuração dá resultado ocasionalmente, os pequenos murmuradores vão se valer dela tanto quanto puderem. Assim, parei de arrumar a mala deles e, dali em diante, cada um passou a cuidar das próprias roupas e escolhê-las.

O maior prejudicado em ter uma criança voluntariosa em casa é a própria criança, que passa a ser vista por todos como uma chata. Os pais devem agir quanto antes, porque as bases para a formação da personalidade de alguém se estabelecem até os sete anos – período em que os pais têm mais espaço para moldar, corrigir ou controlar certas características dos filhos. Pense bem: é muito mais difícil lidar com um adolescente voluntarioso.

A grande verdade é que os pais do século 21 sentem-se muito mais culpados e ausentes do que se sentiam seus pais. A consequência disso é que tentam "compensar" suas faltas agradando a criança e, sem querer, gerando nelas um sentimento voluntarioso. A curto prazo, agradá-las realmente funciona. O problema é que, ao se aproveitar de seu poder de manipulação, o filho voluntarioso vai piorando cada vez mais.

Crianças felizes são aquelas criadas para encarar a vida adulta e a sociedade em que vivemos, e não para satisfazer os próprios caprichos. Pais responsáveis devem lembrar que, ao tentar poupar os filhos, hoje, de pequenas frustrações, estão condenando-os ao sofrimento, amanhã. Como uma criança voluntariosa enfrentará as limitações impostas pela escola? Com muito sofrimento, infelizmente.

Esse foi um dos conflitos que enfrentei em uma família de quadrigêmeos – dois meninos e duas meninas de 4 anos. A estratégia da mãe era simples e desastrosa: fazer todas as vontades dos filhos e dar a todos o que se visse "obrigada" a dar a um. Os gastos eram exorbitantes. Quando entrei naquela casa, sabia que deveria mudar não apenas o hábito arraigado entre as crianças, mas, principalmente, na mãe.

Para corrigir um filho voluntarioso, os pais devem estabelecer uma rotina com planejamento, regras e organização, e segui-la à risca. O trabalho de incentivar as crianças é divertido e funciona: quem obedece às regras ganha um sorriso ou um elogio; caso contrário, um rostinho triste de desaprovação. No fim de semana, se o balanço for positivo, a criança pode ganhar uma recompensa.

O importante nesse caso é deixar claro a todos que reconhecer não é o mesmo que "comprar" alguém. Pois há o perigo real de a criança tornar-se manipuladora. Por exemplo, se os pais dizem à criança: "Se você aceitar tomar banho, eu lhe compro um brinquedo", estarão "ensinando-a" a sempre pedir ou esperar algo em troca de atitudes que ela deveria ter naturalmente. É preciso negar com firmeza qualquer tentativa de manipulação. Basta lembrar que obedecer a regras (das quais muitas vezes não gostamos nem com elas concordamos) não é fácil, nem para o adulto, muito menos para a criança. Daí a importância de reconhecer seu esforço e estimular a obediência desde cedo.

Nas escolas onde trabalhei, dávamos “incentivos” aos alunos que cumpriam regras. Eu costumava dividir as turmas em equipes e colocar metas semanais a serem alcançadas. Os vencedores tinham direito a regalias simples (como 15 minutos a mais de intervalo, por exemplo, e outros prêmios disputadíssimos pelas crianças), que acabavam servindo de incentivo, mais tarde, às turmas perdedoras. Isso não é “comprar” os alunos, mas recompensá-los por algo que é difícil, mesmo para adultos: obedecer às regras.

Dica da Cris:

Não se dobrem a todos os desejos do seu filho. Pense no futuro e nas consequências de suas atitudes. Vocês são os responsáveis pela educação dele!

CANTINHO DA REFLEXÃO

- Quanto tempo vocês dedicam diariamente para brincar com seu filho?
- Quanto tempo vocês dedicam diariamente para conversar com seu filho?
- Vocês conhecem seu filho?
- Vocês sabem o que ele pensa sobre diferentes assuntos?
- Vocês sabem o que ele sente em diferentes situações?

CAPÍTULO 3

HÁ FASES E FASES

Instrua seu filho a formar bons hábitos enquanto ainda é pequeno. Assim, ele nunca abandonará o bom caminho, mesmo depois de adulto.

PROVÉRBIOS 22:6

A paternidade deve ser encarada como uma missão de importância fundamental. Entretanto, creio que, antes de tratarmos das dificuldades de cada uma das fases do desenvolvimento de nossos filhos, vale a pena recomendar aos pais que também se preparem para aproveitar enormemente cada período.

Cada fase tem sua peculiaridade. Trata-se de momentos muito diferentes: quando são bebês, quando estão em idade escolar, quando inicia o período de educação infantil etc. Sinceramente, não consigo entender amigos que dizem coisas como "Que saudade de quando eles eram bebês; davam tanta alegria e hoje só me dão trabalho". Com meus três fihos já adultos, posso testemunhar que cada uma das diferentes fases das crianças tem seus pontos bons, basta encontrá-los. Enquanto perdemos tempo rememorando os bons tempos que passaram, deveríamos olhar para o presente – e para o futuro – com alegria.

Eu curti muito meus bebês, mas não tenho esse sentimento nostálgico. Isso porque sempre procurei desfrutar as fases que eles viviam. A pré-adolescência é um desafio?

Sim, é. A adolescência é um desafio maior ainda? Sem dúvida, especialmente no mundo em que vivemos hoje. Eles recebem influência da sociedade e vêm questionar os pais? Não vou negar. Mas são desafios próprios de cada fase, e em cada uma delas também colhemos os valores que inculcamos desde o berço.

A estratégia da educação de cada filho

Se os princípios de educação valem para todos os filhos indistintamente, os métodos e as estratégias mudam dependendo da idade e da personalidade de cada criança e da experiência de cada casal. Evidentemente, tudo fica mais fácil quando os pais estão de pleno acordo sobre que linha seguir com os filhos – se serão mais conservadores ou mais liberais, por exemplo.

Uma das perguntas que ouço com mais frequência é se eu usava os métodos do programa *Supernanny* com meus filhos. Eu estaria mentindo se dissesse que sim. Muito do que sei aprendi no cotidiano do trabalho como mãe e em escolas, quando eu precisava instrumentalizar o que conhecia da área de educação. Mais adiante, essas estratégias foram se aperfeiçoando com o programa de TV. O que eu e meu marido usávamos eram os princípios de autoridade, disciplina, respeito, organização, regras e rotina, entre outros. Usamos com nosso primeiro filho, com quem erramos muito; com o segundo, erramos menos; com o terceiro, fomos beneficiados pela experiência.

Os princípios resistem às maiores crises. Foi o que aconteceu com uma família que eu revisitei no programa. No primeiro episódio, ela se compunha do casal e três filhos. Entre esse episódio original e aquele especial, o casamento havia acabado. As crianças ficaram com o pai, que tinha assumido, sozinho, a educação delas. Tudo havia mudado na casa, menos os princípios de educação – ainda havia regras escritas e até o cantinho da disciplina. E, apesar das mudanças, os três filhos aceitavam tudo muito bem.

Quando o casal tem claros os princípios de vida que querem transmitir a seus filhos, esse aprendizado ocorre de maneira natural e rápida. Precisa haver convicção e perseverança da parte dos pais. Quando trabalhei numa escola cristã percebi um fato interessante: os valores que estavam sendo ensinados e praticados na escola começavam a fazer parte da personalidade das crianças, e essa transformação que começava nos alunos avançava família adentro, pois toda a vida familiar assimilava os princípios adquiridos em sala de aula. Os pais nos procuravam, felizes, dizendo: "Desde que vocês ensinaram a meu filho tal coisa, ele tem nos corrigido quando nos vê fazendo algo errado." Houve casos de crianças que levaram para casa o hábito de ler a Bíblia, e o faziam com tanta naturalidade que os pais acabaram se convertendo.

Quando fui convidada para fazer a edição brasileira do *Supernanny*, me senti muito gratificada. Confesso que o que me atraiu no projeto foi a possibilidade de continuar, de outra maneira, o trabalho que eu fazia nas escolas, e do qual gostava tanto. E até hoje me sinto feliz com isso. Recentemente, recebi um *e-mail* de uma família que visitei na primeira ou segunda temporada. Eles diziam quão gratos estavam por tudo o que acontecera de bom em sua vida, em tão pouco tempo. Era mais uma prova de que, quando o princípio de educação é compreendido e adotado, o trabalho de educar os filhos fica muito mais fácil.

Evidentemente, é preciso sabedoria para aplicar o método mais adequado a cada criança. Eu já tinha dois meninos quando ganhei a Luciana, e a diferença entre os sexos era evidente. No começo, eu achava que as estratégias seriam as mesmas, porque ela convivia e brincava o tempo todo com os irmãos, jogando bola, inclusive. Mas ela tinha seu tempo de ser totalmente menininha e brincar de bonecas.

As próprias crianças devem crescer sabendo que há diferenças entre irmãos, entre os direitos e deveres de um e de outro. Há certas coisas que uma criança de 10 anos pode fazer e seu irmão de 5, não. Na cabeça do mais novo, ele sempre está em desvantagem: é o irmão mais velho quem pode dormir mais tarde, quem pode mascar chiclete ou sair sozinho. Cabe aos pais equilibrar direitos e deveres e explicar que é do filho mais velho, e só dele, deveres como colocar o lixo para fora, por exemplo. E que os "privilégios" virão quando o caçula tiver idade para tanto, sem distinção, assim como virão novas regras, adequadas a cada faixa etária. Pode haver choro, birra e manha em busca de "direitos iguais", mas os pais devem ter convicção daquilo que falam e decidem sobre os filhos.

No *Supernanny*, houve um caso de um menino que passava o dia sozinho em casa, sem controle, fazendo o que queria. Ele tinha por volta de 10 anos e estudava pela manhã. Quando chegava da escola, sozinho, esquentava o próprio almoço, punha-se a fazer o dever de casa e depois passava a tarde, entediado, assistindo à TV, comendo e engordando. Quando a mãe chegava do trabalho, cansada, o menino ainda tinha de fazer a mamadeira e dar banho no irmão mais novo. Fiquei impressionada, porque o garoto era novo demais para tanta responsabilidade. Ele era tão carente que desabava a chorar toda vez que eu tentava conversar com ele.

Era urgente organizar a vida daquele menino. Seus pais eram classe média baixa, então estava fora de cogitação pagar cursos e atividades extras. A produção entrou em contato com um Centro de Educação Unificado próximo da casa daquela família e montamos uma agenda para as tardes daquele garoto, depois das aulas, até o momento em que a mãe o buscasse, voltando do trabalho. Ele, claro, adorou. Em pouco tempo, o menino passou a sentir-se bem cuidado, fez amigos e tornou-se mais saudável.

Houve um segundo caso, muito parecido, de um garoto de 7 anos que também passava a tarde em casa, em frente à TV, jogando *videogame* e comendo o tempo todo. Não brincava, não fazia a lição, nem tomava banho.

Quando os pais chegavam do trabalho, ele tentava fazer tudo o que não havia feito durante o dia inteiro. Mas então era tarde, logo seria hora de dormir, porque todos acordavam cedo.

A família toda estava cansada daquela situação, cuja solução era bem simples. Era apenas uma questão de organizar a vida do menino, delegando-lhe responsabilidades e atividades, dentro das possibilidades da família. Em outras palavras, priorizar os métodos para tornar eficiente a educação que os pais pretendiam dar ao filho.

Dicas da Cris:

Lembrem-se de que cada filho é um filho, e cada um desenvolve uma personalidade. Criem estratégias de educação diferentes, mas não se esqueçam do princípio a ser atingido.

Controlem-se para ensinar. Pensem antes de falar, expliquem calmamente e cumpram o que prometerem, para não perder a autoridade.

Meninos e meninas

A fase em que mais marcadamente as estratégias de educação devem ser revistas, adaptadas e diferenciadas para meninos e meninas é a pré-adolescência. A partir desse momento, o amadurecimento, o crescimento e os hormônios levarão os pais a ter um tipo de conversa com as garotas e outro com os rapazes.

Antes disso, tudo deve ser igual entre os sexos. A velha história de que "menino pode, menina não" é fruto de uma mentalidade machista ultrapassada, que traz ciúme para um ambiente que deveria ser de respeito e igualdade. Mulher é "sexo frágil" apenas em seu interior, eternamente sedento de carinho e atenção, e não por incapacidade de realizar qualquer tarefa. Afinal, estamos formando seres humanos que devem ter responsabilidades e deveres semelhantes.

Em certas fases, o menino vai se identificar mais com a mãe, depois com o pai, em busca de seu referencial masculino. Da mesma forma, a menina também passa por mudanças nesse sentido. Mas a relação entre pais e filhos tem vários outros fatores determinantes, como afinidades pessoais e inclinação ao diálogo. Eu, por exemplo, tenho muito contato com meu filho do meio, Esteban. Ele é o único dos três que mora em São Paulo, e é meu empresário; é quem mais me telefona e com quem mais converso. São circunstâncias que despertam certo ciúme nos outros filhos, que o chamam de "queridinho". Por outro lado, com minha filha Luciana, tenho a intimidade de tratar de mulher para mulher. Os irmãos, mais velhos, dizem que ela é "mimada". Com Federico temos o vínculo da primogenitura, e os outros dois dizem que ele é o "preferido". Curioso, não?

A aproximação com os filhos é um dever tanto do pai quanto da mãe. Claro que homens e mulheres têm papéis diferentes na dinâmica da família, mas ambos devem conversar, brincar, trocar fraldas, fazer mamadeira ou preparar o café da manhã. O importante é que os filhos cresçam sabendo que podem contar com os dois.

Essa proximidade é importante, inclusive, na temível hora das perguntas e comentários "inesperados". Os pais, por mais constrangidos que se sintam, não podem superestimar esse inevitável momento. Afinal, quando uma criança curiosa consegue uma resposta, ela sai tranquila e satisfeita. E tanto melhor se essa resposta vier sem rodeios ou folclores – porque hoje em dia, com tanta informação disponível, é muito difícil inventar histórias para as crianças. Além de tudo, é sempre preferível que os pequenos saibam sobre "esses assuntos" com a família.

O grande temor dos pais é estimular a sexualidade precoce dos filhos. Entretanto, esconder os fatos não é boa opção. Pelo contrário, muitas vezes pode despertar ainda mais a curiosidade. Muitas vezes, a criança já recebeu a informação fora de casa, quer apenas "checar" e ouvir seus pais – cuja missão é tratar o assunto como algo corriqueiro.

Um menino de 7 anos, de quem tratei durante um programa, já tinha uma "namoradinha" na escola e já havia perguntado sobre bebês e sobre as diferenças entre garotos e garotas. Os pais sentiam-se desconfortáveis com aquele interesse do menino. Eu levei um livro sobre sexualidade, com figuras, linguagem adequada a sua idade e informações científicas sobre as partes do corpo humano. Entreguei o livro aos pais, e aquele material serviu de suporte para a conversa que tiveram depois com o menino. Esse método evitou expor os pais, que se sentiam perturbados com a situação.

Os pais é que devem tomar a iniciativa de uma conversa sobre sexualidade, caso tenham em casa uma criança excessivamente tímida. A partir dos 10 anos, ela já está preparada para isso – e, na verdade, já terá ouvido, de forma distorcida, em programas de TV ou nos corredores da escola. Meu neto, com apenas cinco anos e meio, já aprende certos conceitos elementares com o pai. Sem dúvida, essas informações vão ajudá-lo quando for maior, porque o diálogo já estará estabelecido.

Dica da Cris:

Conversem com seus filhos e aproximem-se deles, sejam meninos, sejam meninas. Esclareçam suas dúvidas e deem-lhes a liberdade de se expressarem.

A pré-escola

Hoje, a maioria dos brasileiros tem acesso à pré-escola. Esse período é chamado assim porque antecede a entrada da criança no ensino fundamental. Via de regra, o primeiro dia de aula é tão difícil para os pais quanto para a criança. Deixar seu eterno bebê sob os cuidados de uma professora costuma provocar nos adultos uma desconfortável sensação de que seus filhos amadureceram e estão um pouco mais independentes. O dilema da criança é de solução mais simples. Basta dizer que a escola é um lugar divertido, onde ela vai conhecer novos amiguinhos e brincar muito.

Como sempre, quem determina o nível de tensão são os pais. Se encararem a escola como algo normal, parte do crescimento e do amadurecimento, os filhos ingressarão na escola tranquilamente. Essa regra vale inclusive para crianças no período integral. Se os pais estão sempre ocupados com o trabalho e têm pouco tempo para trabalhar o lado emocional dessa transição com os filhos, pode haver problemas de adaptação. Por outro lado, se a mãe está feliz em voltar a trabalhar e não transmite insegurança ou culpa ao filho, tampouco a criança vai demonstrar conflito.

Minha neta Raphaela está habituada com a escola desde os 7 meses, quando foi matriculada num berçário. Depois de algum tempo, minha filha precisou mudar de cidade e Raphaela passou algumas semanas sem ir à escola, durante o período da mudança. A menina começou a ficar desesperada, ansiosa para voltar a brincar e para conhecer novos amiguinhos. Ela sentia muita falta do ambiente escolar. Como não poderia deixar de ser, o primeiro dia na nova escola transcorreu sem o menor problema. E pensar que ela tinha acabado de completar 2 aninhos...

Dica da Cris:

Aproveitem cada momento com seu filho e acompanhem ao máximo cada nova etapa.

Pré-adolescência

O relacionamento entre pais e filhos fica complicado durante a pré-adolescência, por causa das mudanças hormonais e de seu principal fruto, a contestação. Entretanto, quando o pré-adolescente já reconhece a autoridade dos pais desde a primeira infância, e quando os conceitos de educação já estão claros para todos, esse processo se torna muito mais simples. Difícil é quando pais que passaram anos sendo rígidos ou relapsos, de repente se ressentem da distância que o pré-adolescente impõe, ou do pouco respeito que ele lhes reserva, e tentam mudar tudo de um dia para outro.

A pré-adolescência é um período repleto de dúvidas e questionamentos. Por isso os pais têm de manter suas convicções inabaláveis sobre o modelo de educação que decidiram para os filhos. Em todos os assuntos: sexo, comportamento, amizades, drogas, o certo e o errado. É na pré-adolescência que o universo da criança se abre, distanciando-se do núcleo familiar. É quando ela começa a sair sozinha. Se ela não tiver esses princípios muito bem formados, enraizados, o risco de ser influenciada negativamente será enorme.

Acredito que o diálogo é o grande segredo nessa fase. Um diálogo aberto, fundamentado numa relação de respeito, lealdade e confiança, que deve ter começado na infância e que leve a criança a falar com os pais sobre qualquer assunto, sem medo. As questões sobre sexo surgirão à medida que avançar seu processo de amadurecimento, e serão levadas aos pais se sentirem necessidade – e tiverem liberdade.

É preciso aproximar-se do pré-adolescente, compreender sinceramente o período que ele atravessa. Uma excelente forma de demonstrar proximidade é falar com seu filho sobre as experiências que vocês viveram na juventude. É importante para ele saber que os pais também passaram por isso, que também tiveram sentimentos semelhantes, e que, portanto, o que ele enfrenta é normal. E surte muito mais efeito do que um monte de perguntas que o deixariam acuado. O risco dos interrogatórios é empurrar os jovens para fora dos olhos dos pais, buscando informação em lugares duvidosos, de forma nem sempre adequada.

Dica da Cris:

Aproximem-se de seu filho. Compartilhem suas experiências e mostrem que os pais dele são, também, seus melhores amigos, confidentes e conselheiros.

Adolescência

Não é fácil sentir-se grande demais para certas coisas e jovem demais para outras. Querer ser adulto e não ser. Enfrentar mudanças físicas, emocionais, mentais e mudanças de opinião. E tudo isso com a difícil sensação de que não são compreendidos pelos pais.

Hoje recai uma grande cobrança sobre os ombros do adolescente. A sociedade o pressiona a vestir o que está na moda, a portar a última tecnologia e a manter-se bonito, dentro dos padrões físicos de beleza, o que afeta sua autoestima por ser, em geral, um fator determinante de inclusão social. É por isso que os jovens querem sempre ter o mesmo tênis, o mesmo cabelo, a mesma roupa que os amigos. Quanto menos se diferenciar do grupo, mais identificado com ele e mais integrado a ele se sentirá, afinal o grupo está socialmente dividido por idade, preferências e gostos em comum.

O problema comportamental mais comumente associado ao adolescente é, sem dúvida, a rebeldia. Faz parte desse período de inconformismo ser "do contra", questionar tudo o que for preestabelecido e se opor pela necessidade de oposição. O conselho mais valioso que posso dar aos pais é: não se desesperem. A adolescência é uma fase e, como toda fase, passa. O que não nos absolve da missão de observar, ajudar, dialogar e buscar sabedoria para melhor orientar nossos filhos.

Dialogar de forma saudável com adolescentes é, basicamente, colocar-se ao lado deles, ouvindo-os amorosamente, ainda que estejam errados. Pais que se recusam a ouvir os filhos adolescentes estão, sem querer, afastando-os em uma fase especialmente perigosa.

Suponha que alguém tenha oferecido drogas a ele. O adolescente já está suportando a pressão dos colegas que o chamam de "careta"; se não tiver liberdade e segurança para pedir orientação aos pais sobre como agir, jamais teremos como ajudá-lo preventivamente. Ouvir não significa abrir mão de nossos pontos de vista ou de nossa autoridade. Significa apenas manter viva a possibilidade de negociação e recompensar a confiança que desejamos que os filhos depositem em nós. O inverso disso é o terrível "Nem precisa falar que eu já sei o que você vai dizer!". Isso bloqueia o adolescente e encerra qualquer possibilidade de diálogo futuro.

Havia muito diálogo em casa durante minha adolescência. Especialmente com meu pai, a relação era de grande confiança. Certa vez, uma amiga me convidou para assistir a um filme proibido para menores de 18 anos e, para isso, ofereceu uma carteira de identidade falsificada. Eu aceitei, e não contei nada para ninguém. Entretanto, depois da sessão veio o arrependimento e, logo que cheguei em casa, comecei a chorar e contei tudo aos meus pais. Tínhamos um relacionamento de honestidade, e eu me senti mal por ter traído a confiança deles. Pedi perdão e eles me perdoaram. O vínculo que cultivamos era tão forte que eu me sentia mal só de pensar em arruiná-lo.

Durante a adolescência, é claro, não faz sentido criar um cantinho da disciplina, mas os pais podem estabelecer um método de reflexão com perda de alguns privilégios. Claro que isso depende da disciplina que tenha sido aplicada durante a infância e a pré-adolescência. Por exemplo, reduzir o tempo de *videogames*, internet ou de passeios com os amigos para que o filho possa refletir e entender que precisa obedecer aos pais. É fundamental envolvê-lo, mas, em última instância, enquanto o filho morar com os pais, tem de se submeter ao que eles determinam.

Outro caso da minha adolescência ocorreu no intervalo de dois anos em que eu e meu esposo, Luciano, rompemos o namoro. Eu tinha por volta de 18 anos e detestava intromissões em minha vida. Naquele meio-tempo de solteirice, conheci um rapaz de cerca de 25 anos. Um adulto! Confesso que o que mais me atraía na possibilidade de namorá-lo era a diferença de idade. Minha mãe ficou preocupadíssima, telefonou para ele, pedindo que se afastasse de mim. Na época, me senti invadida e fiquei muito brava. Seria mesmo muito melhor se ela tivesse me aconselhado e deixado a decisão nas minhas mãos. Hoje, entretanto, entendo que ela tomou aquela atitude para meu próprio bem, embora não concorde com aqueles métodos um tanto invasivos.

A família deve manter seus laços sempre estreitos por meio de atividades simples. Praticar esportes, passear com amigos, assistir a um bom filme, ajudar com as tarefas escolares, conversar. Uma rotina saudável é aquela que contempla as necessidades dos filhos. E se a família conseguir manter uma rotina saudável desde a infância, dificilmente os pais enfrentarão grandes problemas com os adolescentes.

Dica da Cris:

Deem liberdade para o seu filho se expressar. Acompanhem e observem suas mudanças e seu desenvolvimento.

CANTINHO DA REFLEXÃO

- Quais são as necessidades de seu filho?
- Vocês sabem ouvi-lo?
- Há respeito e diálogo entre os mebros da família?
- Quais são os limites saudáveis que vocês aplicam a seus filhos?

CAPÍTULO 4

UMA QUESTÃO DE PAPÉIS

Medite sempre nessas palavras que hoje estou ordenando. Ensine-as com diligência aos seus filhos. Converse sobre elas quando estiver em casa, quando estiver andando por algum caminho, quando se deitar e quando se levantar. Amarre estes mandamentos nos braços como constante lembrete; fixe-os na sua testa, bem como nos batentes das portas de sua casa e nos seus portões!

DEUTERONÔMIO 6:6-9

Um filho é um "selo" de Deus sobre um casal. Uma bênção que vem para legitimar um relacionamento. Entretanto, legitimar é diferente de resolver problemas. Reservar essa função a um bebê é cruel e injusto com todo mundo. E não surte o resultado esperado, como já vimos.

O fato é que houve uma mudança radical em relação ao papel dos filhos. Antigamente, eles eram o próprio objetivo do casamento. Muitas vezes, a mulher voltava grávida da lua de mel. E quantas crianças viessem estava bom. Claro que, num ambiente rural, os filhos eram braços para o trabalho, fonte de renda. Isso diminuiu com a urbanização das cidades.

Outra grande mudança ocorrida nas últimas décadas refere-se aos papéis dentro da família. O feminismo começou com uma proposta muito bonita – porque as mulheres eram quase escravas, discriminadas etc. – mas acabou com efeitos nocivos, porque distorceu os papéis que Deus lhes havia reservado. Hoje muitas mulheres consideram os filhos empecilhos para a carreira, prejuízos da boa forma física, obstáculos para a liberdade e para o alcance da meta de igualdade com os homens.

Ao mesmo tempo, e talvez por causa disso mesmo, vivemos uma grande crise também com relação ao papel do homem, que cada vez mais se acomoda, se omite e se destitui de sua função de líder e sacerdote do lar. Eu vim de uma família de larga tradição de mulheres dominadoras e tive de aprender que, embora Deus não faça distinção entre homens e mulheres (e ainda que os filhos também nos olhem com igualdade de competência), há diferenças fundamentais de papéis no tocante ao desenvolvimento da criança.

A função do pai

Embora as responsabilidades principais na criação dos filhos devam ser compartilhadas, existem, como já mencionei, papéis diferentes para homens e mulheres, e essas diferenças influenciam no relacionamento de toda a família. O pai é o cabeça. É ele que toma as decisões mais controvertidas – ou, ao menos, à luz da Bíblia, é quem deveria fazê-lo. Embora a esposa o apoie, opine e esteja a seu lado nas decisões, é esse papel paterno de liderança que carrega a responsabilidade de ser o exemplo a ser seguido pelos filhos. Respeito, autoridade, responsabilidade e boas atitudes influenciam as crianças.

Pelo chavão cultural, o pai deveria ser aquela pessoa forte e de decisões, de personalidade marcante. Mas hoje em dia não é assim. O que eu tenho visto são muitos pais ausentes; não fisicamente, mas omissos, sem posição definida e com pouca ou nenhuma participação na disciplina e na educação dos filhos. E por "educação" eu me refiro à convivência, ao ensino no dia a dia, a estar constantemente atento em ajudar a criança a construir posições e valores relativamente a sua realidade. Em outras palavras, ensinar-lhe o que é certo e o que é errado.

Muitas vezes, o casal está refém daquela herança machista de que a educação dos filhos é tarefa da mãe, enquanto ao pai cabe trabalhar e trazer o dinheiro para casa. O homem seria o provedor, e a mulher, a responsável por todo o resto. Trata-se de um grande erro. O pai deve se posicionar lado a lado com a mãe no momento de corrigir o comportamento do filho e estimular nele a boa conduta. Deve também agir de modo a reforçar as palavras da mãe durante a exortação. É por isso que o casal deve ter um bom diálogo e muita clareza sobre o modelo de educação que pretende aplicar aos filhos.

A imagem do pai presente é fundamental para a formação dos filhos. Muitas crianças são carentes porque, embora não lhes falte o "provedor" em casa, o pai é ausente. Só o veem esporadicamente e pouco participa dos momentos mais importantes de sua vida. O referencial masculino é fundamental na formação tanto de meninos quanto de meninas. Quando não o têm no pai, seria aconselhável procurar esse referencial em algum familiar próximo, com imagem positiva para a criança.

Há três situações principais possíveis para essa ausência. A primeira ocorre numa situação de divórcio em que o pai, por alguma razão, não mantém relação próxima com o filho. A segunda se configura no abandono do lar ou no desaparecimento do pai. E a terceira, quando o pai morre. Talvez esta seja a mais simples de explicar e a que menos gera na criança a sensação de falta do amor paterno, já que a morte foge ao controle e à vontade humana.

No *Supernanny*, houve o caso de uma família separada por uma circunstância de trabalho que se revelou tristemente delicada. A mãe morava em São Paulo com os três filhos – um menino de 7 e duas meninas gêmeas de 3 anos. O pai havia recebido uma boa proposta de trabalho e se mudara para os Estados Unidos, com a promessa de sustentar a família com o dinheiro que ganhasse lá. A falta que sentiam do pai fez que as meninas não falassem normalmente com as pessoas. Em vez disso, desenvolveram uma estranha linguagem que só as duas entendiam. O menino, que havia convivido bastante com o pai antes da viagem, tinha uma carência impressionante. Fizemos um amplo trabalho com o avô paterno, cuja presença já era constante junto à família, para que ele suprisse as crianças da falta do referencial masculino no lar. Foi uma experiência vitoriosa!

Vivi uma experiência que me permite compreender o tipo de sentimento causado pela ausência paterna.

Eu e meu pai sempre tivemos um bom relacionamento, mas, quando eu tinha cerca de 14 anos, ele foi diagnosticado com mal de Parkinson. Precisou se aposentar muito novo e começou a enfrentar todas as dificuldades típicas da doença. Quando passava por alguma emoção forte, por exemplo, sua mobilidade era afetada. Por conta disso, no dia do meu casamento, ele não pôde entrar na igreja comigo. Um sonho que eu e ele acalentávamos.

Apesar de ter meu irmão ao meu lado e ver meu pai na igreja logo nos primeiros bancos, acolhi, sem perceber, um grande sentimento de abandono, que marcou minha vida por muitos anos. Era um momento marcante para mim, e meu pai, meu amigo, meu grande companheiro, não pôde participar dele como tínhamos sonhado. Esse sentimento foi discernido muito tempo depois, quando já havia me convertido, e a ferida, curada após o perdão.

Dica da Cris:

Pai, não se esqueça de suas responsabilidades perante sua família. Você é o cabeça dela; seu papel é fundamental.

A função da mãe

Por tradição ou por instinto materno, é usual a mulher assumir em prol do filho tantas tarefas quanto o dia permitir. Talvez seja essa a grande característica comum a toda mãe: a incrível quantidade de afazeres e atividades em relação aos filhos.

Tradicionalmente, as mães são mais próximas dos filhos, porque são elas que se ocupam com os afazeres domésticos. Mas, na verdade, suas responsabilidades são as mesmas dos pais, e a ausência dessa referência deixa marcas profundas.

O vazio criado pela falta de atenção e de afeto maternos precisa ser compensado, tanto quanto possível, por um novo referencial feminino com o qual as crianças se identifiquem. Uma avó, tia, prima, vizinha, madrasta, não importa. É importante também que a criança nessas condições encontre formas de exteriorizar, canalizar e trabalhar suas emoções. O teatro, a pintura ou a música costumam ser boas sugestões.

Uma amiga que se separou do pai de suas duas meninas contou que estava passando por problemas com a filha mais velha. Minha amiga havia começado a namorar e reparou que a menina, de cerca de 10 anos, costumava observar, desconfiada, o namorado da mãe. Um dia, perguntou à filha se ela queria falar alguma coisa. A garota foi até o homem e disse: "Olha, eu gosto muito de você, mas você nunca vai ocupar o lugar do meu pai." O namorado respondeu: "Bem, eu não quero ocupar o lugar dele, mas os seus pais estão separados e eu gosto muito da sua mãe, quero ficar com ela". A partir de então, a relação ficou esclarecida e a menina passou a se dar muito bem com o futuro padrasto.

O laço da mãe com seus filhos é algo anterior ao parto. Vem da gestação, dos nove meses que ela carrega seu bebê dentro de si. Seu desafio é dar espaço e autoridade para que o esposo desempenhe seu papel de pai e educador. Vejo a mulher como a conciliadora, o lado sensível da família, sempre em busca de domar sua tendência de dominar e mandar.

Dica da Cris:

Mãe, pense sobre quais são suas responsabilidades perante a família. Se, por algum motivo, não estiver conseguindo executá-las, retome o objetivo com persistência.

O conflito de autoridade

Autoridade é sinônimo de prestígio e poder. É um direito que deve ser conquistado com credibilidade e desenvolvido com influência legítima. Na educação, a autoridade é exercida à medida que as ações dos pais refletem coerentemente seu discurso. Se a autoridade não advém do exemplo nem é exercida de maneira positiva, vira autoritarismo. E o autoritarismo subsiste por causa do medo, e não do respeito.

A criança reconhece como autoridade a pessoa que ela respeita e a quem obedece. Autoridade, respeito e obediência são possíveis quando existe *amor*. Amor do pai pelo filho e do filho pelo pai. Esse *amor* deve se originar em Deus, para fluir livremente e produzir bons frutos.

Quando trabalho com as famílias, normalmente as crianças reconhecem minha autoridade e me respeitam – coisa que não fazem com os próprios pais. Pessoas de atitudes rígidas tendem a se transformar em pais autoritários: gritam, batem, impõem o que querem pela força, mas nunca obtêm o respeito e a obediência das crianças.

Pais que não dialogam sobre a educação dos filhos correm o sério risco de confundir autoridade com autoritarismo. E, como efeito, são contraditórios na hora de disciplinar os filhos. Nesse caso, não há mágica: é preciso conversar, refletir juntos e chegar a um modelo comum que contemple o respeito mútuo e a autoridade dos dois.

Enquanto esse modelo está em fase inicial de aplicação, é possível que haja discordância entre os dois, mas atenção: os pais jamais devem discutir diante dos filhos opiniões divergentes quanto à criação e educação das crianças. O diálogo deve esperar o momento e o local adequado, longe delas.

O mesmo vale para o caso de um dos cônjuges se exceder ou cometer um erro ao disciplinar o filho. O parceiro deve ficar quieto, observar e só depois conversar. É importante que o pai assuma o erro e peça perdão ao filho. Com sinceridade, olhos nos olhos. A perda da máscara da infalibilidade é compensada plenamente pela aproximação com a criança. O respeito entre as pessoas que exercem autoridade é um grande exemplo para os filhos, que notam que os pais caminham juntos e que há equilíbrio entre os dois quando exercem a autoridade com amor.

Em eventuais casos de impasse, em uma situação ideal em que o homem assume seu papel de liderança de acordo com o padrão bíblico, a decisão é responsabilidade dele. No caso de não cristãos, é necessário refletir muito, dialogar com a esposa e ter grande dose de prudência e autocontrole para continuar a desempenhar seu papel dentro de casa.

Dica da Cris:

Respeite o seu parceiro e as escolhas dele. Saiba dialogar e chegar a um consenso.

Filhos sob o cuidado dos avós

A presença dos avós é um fator positivo no processo de educação das crianças – desde que eles concordem (ou se submetam) ao modelo escolhido pelos pais. Isso é algo que precisa ficar absolutamente claro entre todos, desde o início. Colocar-nos diante de nossos pais como autoridade máxima não é a atitude mais simpática, mas é necessária.

Um dos pontos mais complicados desse processo é que estamos acostumados com os hábitos e comportamentos de nossa mãe. Nosso cônjuge, entretanto, pode não gostar tanto assim – e é normal que não goste, porque foi criado de outro jeito. Evidentemente, todo bom conselho é bem-vindo, especialmente de quem nutre tanto carinho pelas crianças quanto os avós. Isso, no entanto, é muito diferente de transferir para nossos pais a educação de nossos filhos, abrindo mão de responsabilidades.

Houve um caso no programa que exemplifica bem o problema. Era um casal com dois meninos, que vivia em uma de duas casas erguidas em um mesmo terreno. A convivência era grande com a avó materna, que morava na casa dos fundos, separada apenas por um portãozinho. O casal queria minha ajuda para, entre outras coisas, mudar essa rotina de convivência.

"Na casa da vovó tudo pode", dizia uma plaquinha. E podia mesmo: logo nos primeiros dias, enquanto a mãe preparava o jantar, um dos meninos atravessou o quintal, foi até a casa da avó e voltou se deliciando com um pacote de biscoitos. A mãe brigou com a avó. A avó retrucou dizendo que o menino havia apanhado o pacote sem lhe dizer nada. A mãe e a avó desabafavam com a produção do programa sua insatisfação – a primeira pelo processo de "deseducação" que as crianças sofriam, a segunda pela falta de privacidade a que era submetida, com os meninos entrando e saindo de sua casa, sem cerimônia. A relação entre as duas estava se deteriorando.

Fiz algumas intervenções. Coloquei uma placa no portão que separava as duas casas, ordenando que ele ficasse fechado. Na porta de entrada da casa da frente, coloquei um cartaz vermelho (que significava que os avós não poderiam entrar). O cartaz poderia ser substituído por outro, verde (que significava que a visita estava liberada). E instituí algumas regras para acabar com o "tudo pode" na casa dos avós.

A avó me agradeceu profundamente por aquilo. Ela nem imaginava quão inconveniente ela, que se queixava de falta de privacidade, também estava sendo ao invadir a casa da filha. Aquela separação trouxe o que deveria existir desde o começo: respeito pelo espaço do outro. Os pais é que devem colocar limites de horários, métodos de educação e outras situações particulares.

Há ainda o caso de crianças que passam tempo demais na casa dos avós e se recusam a voltar para a própria casa. Em situações como essa, os pais devem descobrir o que os faz agir assim. Muitas vezes, os avós realizam todas as vontades das crianças – assim, é lógico que elas não queiram trocar a terra do "tudo posso" por uma casa onde há limites. Nenhuma criança entende que os limites existem para seu próprio benefício.

Filhos sob os cuidados dos avós podem, sim, confundir o papel dos pais. Isso não é culpa deles: o casal é que deve tomar uma atitude e chamar para si suas responsabilidades. Evidentemente, é mais cômodo delegar para os avós os cuidados – seja por contingência (falta de tempo, turnos de trabalho etc.) seja por negligência, o fato é que o tempo que deixamos de passar com as nossas crianças nunca voltará. Dentro do possível, a criança precisa muito da presença dos pais, em tempo de qualidade, no mínimo em finais de semana.

Dica da Cris:

Prestem atenção à educação do seu filho. Estejam atentos para não confundir os papéis dos membros família.

Babás, empregados ou escolinha

É mesmo difícil para os pais confiar plenamente em pessoas que mal conhecem, especialmente quando a tarefa é cuidar de seu maior tesouro, longe de seus olhos. Há muitos ótimos profissionais e instituições repletas de pessoas que amam o que fazem e se realizam cuidando de crianças, mas, ainda assim, recomendo fortemente que os pais não abram mão de saber com exatidão o que acontece com seus filhos enquanto estão no trabalho. Hoje há câmeras de vídeo e áudio que podem ajudar os pais a se certificarem sobre a confiabilidade de babás e empregados domésticos. É verdade que os custos são altos, mas o investimento compensa.

Em vez de deixar a criança com babás, aconselho a matriculá-la num berçário, quando bebê, e numa escola de educação infantil, ainda novinha. São muitos os benefícios, especialmente em relação à socialização. Na escolinha, a criança aprende rapidamente, desde cedo, a interagir com outras crianças, a conviver em sociedade e a desenvolver capacidades mentais e motoras.

Há escolas muito bem estruturadas e que oferecem atividades para bebês com idade a partir de um ano. Algumas permitem aos pais monitoramento *on-line* dos filhos, por meio de câmeras instaladas em vários pontos da escola. Outras apostam no relacionamento estreito entre pais e professores.

Quando meus filhos eram pequenos, investi bastante tempo na busca da melhor escola para eles; uma escola em que eu pudesse confiar. Com minha neta, ocorreu a mesma coisa. Por seis meses, eu e minha filha visitamos uma a uma as escolas de uma longa lista que selecionamos. Para muitas pessoas, torna-se inviável matricular os filhos em um estabelecimento que, embora excelente, fique muito longe de casa. Nesse caso, recomendo que os pais visitem cada escola de sua região, atentando aos detalhes, ao carinho dos professores e observando e analisando se os métodos de ensino são compatíveis com a disciplina que eles traçaram para as crianças em casa.

Se os filhos reconhecem e respeitam a autoridade dentro de casa, automaticamente respeitarão os educadores na escola. Basta para isso que os pais expliquem que, no período em que estiverem na escola, eles devem obediência ao professor. O fato é que a experiência de conviver em um ambiente que não o familiar é algo muito positivo. É na escola, por exemplo, que filhos únicos aprendem a esperar a vez, a dividir, a conviver com rotina e disciplina.

Foi assim com meu filho mais velho, antes do nascimento dos irmãos. Ele começou a frequentar a escola antes dos dois anos. No primeiro dia, quando entrou no pátio, as crianças estavam brincando. Ele avistou um brinquedo, foi até ele, abaixou-se e tomou-o nas mãos. Uma das crianças não gostou nada daquilo. Foi até Federico e deu-lhe um empurrão. A cara de espanto do meu filho ao cair no chão foi especialmente engraçada! Apesar do susto, Federico entendeu imediatamente que ali as coisas seriam bem diferentes do que eram em casa.

Babás, creches e escolas são parceiros dos pais. Em hipótese alguma deve recair sobre eles a responsabilidade absoluta de educar alguém; essa missão é dos pais. O impacto dessa distorção é muito negativo, deixando a criança confusa sobre o papel e a função de cada um em sua vida.

Fui procurada por uma avó que estava desesperada com a situação na casa de sua filha. Segundo ela, seu neto se recusava a ficar com ela, preferindo sempre a babá. Mesmo sem conhecer a criança, eu arriscaria dizer, com uma boa dose de segurança, que a babá é do tipo que satisfaz todas as vontades do netinho daquela mulher. Outra possibilidade razoável é que a babá dê mais atenção, carinho e dedique mais tempo à criança do que a avó ou mesmo a mãe costuma fazer.

Em um dos episódios do *Supernanny*, visitamos um caso especialmente confuso. A babá passava o tempo todo com as crianças. O papel da mãe era tão insignificante que a própria escola em que a criança estudava se dirigia à babá quando precisava tratar com um responsável. A mãe estava bastante chateada com a situação, mas a verdade é que a culpa não era de sua empregada.

A mãe trabalhava o dia todo e quando chegava em casa queria encontrar tudo em perfeito estado: jantar servido, crianças alimentadas e dormindo, para que ela pudesse simplesmente se trancar no quarto e descansar. Era a babá que colocava as crianças para dormir, as ninava e contava histórias. Era ela também que passava os finais de semana com as crianças, já que a mãe trabalhava aos sábados. Não era de espantar que as crianças estivessem confusas.

Em casos assim, uma das coisas que costumo fazer é preparar um broche com a identificação "ajudante da mamãe" para as babás e empregadas e conversar com mãe e filhos, juntos, explicando toda a situação. É um meio de fazer as crianças entenderem que são os pais a autoridade, e eles têm pessoas que os auxiliam nas tarefas do dia a dia.

Essa mesma relação os pais devem manter com a instituição de ensino onde os filhos estudam. Pais que trabalham o dia todo costumam incorrer no erro de "depositar" os filhos na escola e pouco participar da rotina deles. Sugiro que os pais participem de encontros, palestras, reuniões e atividades na escola ao menos uma vez por mês.

Se houver reclamação de má conduta na escola, os pais devem ouvir primeiro a versão do filho sobre o que aconteceu. Mas não devem tomar partido imediatamente. O melhor é ir à escola e, de forma imparcial, verificar o que aconteceu e que providências foram tomadas. Se necessário e possível, insista em promover uma acareação entre as partes envolvidas para descobrir quem foi o responsável, de quem partiu o erro e o que pode ser feito para acertar os relacionamentos. Se for comprovado que o erro partiu de seu filho, não seja condescendente. Discipline-o, explicando que as regras que funcionam dentro de casa valem para reger nosso comportamento fora dela.

Nos últimos anos, temos ouvido falar muito sobre o *bullying*, o assédio moral – às vezes também físico – a que os "valentões" da escola submetem os mais fracos e os diferentes. É uma situação que os pais devem enfrentar rapidamente, sem medo e sem receio. Se perceberem que o filho está sendo vitima de *bullying*, vão direto à escola para esclarecer. E se notarem que seu filho é o próprio "valentão", ajam com a mesma assertividade a fim de corrigir o problema.

Reflitam sinceramente sobre as raízes desse desvio de personalidade. Crianças que assediam e humilham colegas, geralmente já foram agredidas ou humilhadas em casa. Em qualquer um dos casos, o mais importante é incentivar as crianças a sempre contarem o que se passa no ambiente escolar, demonstrando interesse legítimo. Mais uma vez, a confiança é a chave.

O *bullying* é um problema social com o qual nem sempre a escola sabe lidar. De qualquer forma, ainda é função dos pais tomarem a atitude de se posicionar, afinal, é deles a responsabilidade pela educação dos filhos. O casal deve também evitar depreciar a escola ou os professores na frente das crianças. O maior prejudicado será seu próprio filho, caso ele deixe de reconhecer a autoridade da instituição onde estuda.

Cuidei de um caso em que os modelos de educação eram radicalmente diferentes entre o praticado pelos pais e o adotado pela instituição de ensino. A escola possuía regras, organização e exigia uniforme completo. Em casa, não havia disciplina alguma, e era uma verdadeira guerra na hora de vestir o uniforme. As crianças começaram a sofrer com isso. Aconselhei aos pais que trocassem os filhos de escola, porque, evidentemente, o colégio não mudaria o sistema. Eles optaram por colocá-los num colégio mais liberal, mais de acordo com a filosofia de educação da família, eliminando, assim, os conflitos.

Uma amiga matriculou a filha em uma escola de linha construtivista (baseada na tese de que a educação é "construída" sem grandes orientações, num longo processo em que a criança vai descobrindo e gerenciando o próprio aprendizado). A cada relatório mensal, ela se desesperava mais com os comentários que recebia de sua filha. Passados alguns meses, todos achavam que a menina apresentava problemas mentais. A mãe veio me consultar. Tratei de acalmá-la e dizer que sua filha era perfeitamente normal, só não respondia da maneira esperada porque não se adaptava ao método de ensino utilizado na escola. Aconselhei-a a matricular a filha em um colégio adequado à personalidade dela e tudo se resolveu. Tímida, com certas dificuldades de audição e visão, ela simplesmente não conseguia se integrar ao sistema da escola. Hoje, ela é formada e revelou-se uma menina muito inteligente.

Algumas crianças se adaptam melhor que outras em determinados ambientes de ensino. Sei disso, inclusive, por experiência própria. Quando meu filho Esteban estava no ensino fundamental 1, fui chamada à escola sob a alegação de ele ser "bagunceiro", conversador e "hiperativo". Fui informada de que ele era tão elétrico que costumava fazer a lição dele, a de algum amigo e ainda tinha tempo de papear enquanto os colegas terminavam a deles. A escola o encaminhou a uma psicóloga. Na época, éramos vizinhos de uma psicopedagoga, então resolvi consultá-la. Ela me disse que o problema não era Esteban, mas a metodologia da escola, à qual ele não se adaptava (o que não quer dizer que a escola fosse necessariamente ruim, ou boa).

Comecei então a procurar outra escola, mais adequada à personalidade do meu filho, e a encontrei a vinte quilômetros de casa. Valeu cada quilômetro percorrido: a escola era mais liberal, nada linha-dura e incentivava a criatividade das crianças. Era como toda escola deveria ser, seja experimental seja tradicional: um lugar onde seu filho possa se expressar e desenvolver o potencial, sem sofrer por isso.

Dica da Cris:

Acompanhem o desenvolvimento e a disciplina do seu filho. Deixem claras suas responsabilidades e as responsabilidades de seus "colaboradores".

CANTINHO DA REFLEXÃO

- Vocês cumprem com suas responsabilidades perante a família?
- Você respeita as ordens e as decisões do seu parceiro?
- A educação dos filhos é orientada segundo a decisão do casal?
- Vocês conhecem *realmente* o seu filho?
- Vocês acompanham a vida escolar das crianças?

CAPÍTULO 5

MODELOS DE FAMÍLIA

Meu filho, ouça com atenção os meus conselhos! Esteja sempre pronto para escutar as minhas instruções.

PROVÉRBIOS 4:20

Aos olhos de uma educadora com convicções cristãs, está claro que o referencial de família hoje está muito diferente daquele que acreditamos ter sido pensado por Deus para formar a humanidade. O pai se separa da mãe, vem o padrasto, o primeiro filho tem um irmão de pai diferente, há um novo companheiro que assume o relacionamento com o peso de amar uma criança como se fosse seu filho, há a namorada do pai que substitui a mãe ausente, que brinca e passeia com os filhos do namorado...

Qual é o conceito atual de família? Quais são os referenciais sobre unidade e papéis que os pais devem passar para os filhos, biológicos ou não? Creio que os diferentes modelos de família – e muitas vezes uma mesma criança passa por vários modelos ao longo de sua vida – e o desmantelamento da família tradicional estão nos conduzindo ao individualismo. O crescente número de separações e divórcios é um sinal de que as pessoas não estão dispostas a abrir mão de suas convicções e de seus direitos a fim de construir relacionamentos que vençam as dificuldades do cotidiano.

O ser humano é comprovadamente um ser gregário. Foi feito para viver em comunidade. O próprio Deus não é individualista. Ele – que é Pai, Filho e Espírito Santo – é uma "família" perfeitamente integrada. Fomos criados para conviver com os outros, ajudar os outros, estar com os outros em momentos bons e ruins. E isso só se experimenta em comunidade. E a família é a comunidade que nos acompanha desde que nascemos. Viver em família é constantemente abrir mão em prol do outro.

Hoje é impossível manter-se distante das diferentes configurações familiares. Por um lado, é importante ensinar os filhos a respeitarem as opções, caminhos e descaminhos pelos quais passa a família de seus amigos. Ensiná-los a amar as pessoas e a considerar os diferentes pontos de vista, ainda que não concordem com eles. De outro, é nosso dever ensiná-los a preservar ou recuperar a família como espaço de convivência generosa que sempre foi – sejamos pais solteiros, viúvos, conformes ou não com a idade convencional da paternidade.

Pais separados

O melhor cenário possível diante da triste realidade da separação é que o relacionamento tenha deixado um sentimento de amizade e senso de responsabilidade para ambos os pais. Nesse caso, a autoridade não sofre alteração, demandando apenas um acordo entre o casal para organizar uma nova rotina em que os dois continuem a exercer suas responsabilidades e a dar carinho aos filhos. Entretanto, esse cenário é uma raridade, já que a maior parte das separações acontece em clima de guerra.

Conheci um casal que se divorciou por causa da infidelidade do marido. Quando ela soube, gritou e chorou escandalosamente. Depois me confidenciou que não saberia descrever o sentimento que se apossou dela, mas arriscou dizer que era uma mistura de agonia, raiva e tristeza, porque um casamento sempre envolve extrema confiança. Ela superou o sentimento ruim, mas notei quão difícil foi lidar com a situação conjugal combinada ao trabalho da educação dos filhos. Num caso como aquele, somente o perdão pode resolver. Por difícil que seja, devemos pensar antes de tudo no bem-estar dos filhos.

O perdão pode reverter a tendência natural da separação, de deixar marcas negativas nas crianças. Ou, em caso de divórcio, um acordo em prol do bem comum pode servir de exemplo, para que elas não cometam, no futuro, os mesmos erros dos pais.

Meu conselho mais frequente a casais separados é que simplesmente deixem o orgulho de lado, parem de pensar em si próprios e considerem o sentimento dos filhos.

Dica da Cris:

Pensem na educação de seus filhos e, mesmo separados, mantenham um diálogo amistoso.

Pais viúvos

Por experiência própria, creio que os pais não devem tentar esconder de seus filhos a realidade da morte. Na ânsia de evitar o que consideramos um sofrimento, acabamos trazendo traumas ainda maiores.

Entre meus três filhos, quem por mais tempo conviveu com meus pais foi o mais velho, Federico. Quando nos mudamos para o Brasil, ele tinha 3 anos e Esteban apenas 10 meses. Federico era muito ligado ao avô. Eles brincavam o tempo todo e tinham um vínculo realmente especial. Quando já morávamos em São Paulo, minha mãe me telefonou, tarde da noite, avisando que meu pai havia falecido. Pela manhã eu já estava com as malas prontas para embarcar para a Argentina. Federico, na época com 9 anos, insistiu em ir comigo. Não deixei. Por um lado, porque já estava de saída e, por outro, porque quis poupá-lo do sofrimento de ver o avô querido morto. Federico chorou muito e acabou somatizando a perda do avô numa bronquite. Durante minha viagem, meu marido teve de levá-lo ao hospital diversas vezes, em crise.

Arrependi-me de não tê-lo deixado me acompanhar. Eu quis poupá-lo, e acabei privando meu filho de enterrar seu avô, não levando em conta o vínculo que eles tinham. Hoje vejo que essas perdas fazem parte da vida e são muito importantes porque ajudam a expressar o que sentimos pelos outros. Experimentar o luto e a dor faz parte do amadurecimento de qualquer ser humano.

Visitei uma família com duas crianças pequenas – de 3 e 5 anos – cujo pai havia morrido. Era uma história bem triste, em que ele havia saído para trabalhar e, no trajeto, sofrido um acidente de carro. A mãe disse às crianças que o pai havia se tornado uma estrelinha. A filha, a mais velha dos irmãos, desenhava estrelas de todo tamanho e cores pelas paredes da casa e dizia: "As estrelinhas são o papai!". A família havia criado uma explicação, e as crianças entenderam; sofriam, mas aceitaram e não questionaram mais, como geralmente ocorre.

Por mais complicado que seja dar aos filhos a notícia da morte de um parente tão próximo, e consolá-los, certamente a maior dificuldade é prosseguir solitariamente a missão de educar as crianças, tomando decisões e escolhendo os caminhos a percorrer.

O fato de pai e mãe serem uma dupla pressupõe constante diálogo e compartilhamento de ideias diante de situações delicadas. Ainda que em alguns casos não haja concordância entre o casal, a conversa e a argumentação, a favor ou contra, já aliviam o peso da responsabilidade. Como enfrentar essa nova realidade? O que fazer? Gostaria de deixar sete sugestões:

1. A responsabilidade de educar os filhos continua sendo dos pais, ainda que solitários. Não a transfira para ninguém.

2. Seu filho precisa de você mais do que nunca. Seu exemplo de fé, serenidade e esperança no futuro serão fundamentais na formação do caráter desse futuro adulto.

3. Pense, ore, reflita de forma redobrada antes de tomar uma decisão. Não se apavore.

4. Não queira abreviar o tempo de superar a dor de sua perda. Você vive uma situação nova e precisa de tempo para enfrentar o desafio.

5. Lembre-se de que educar alguém nunca é fácil. Exige firmeza, convicção, perseverança, paciência, tempo e muito amor.

6. Não se culpe pelos erros que cometerá. Reflita e comece de novo. Todos, casados ou viúvos, aprendemos na base do erro e acerto.

7. Leia. Informe-se. Converse. Aconselhe-se. Mas não esqueça: a última palavra é sempre sua.

Dica da Cris:

Não subestimem os sentimentos de seus filhos. Sinceridade e sabedoria os aproximarão deles.

Pais solteiros

Há casos de mães que optaram pela chamada "produção independente". Mães e também pais que foram abandonados pelo cônjuge. Mães separadas ou divorciadas que não recebem contribuição financeira ou apoio emocional do ex-marido. Criar filhos nessas condições é um desafio em dobro, pois tudo recai sobre os ombros do pai solteiro: o sustento do lar, a educação dos filhos, a transmissão dos valores etc.

Lamentar, porém, de nada adianta. É preciso focar nos filhos, que requerem cuidados, atenção, acolhimento e um pai com dupla função, sem a famosa "segunda opinião". O risco que o pai solteiro corre é tornar-se condescendente e assim transformar o filho em um pobrezinho que, por não ter as duas figuras paternas em casa, nunca pode ser contrariado. Nada disso: a criança precisa de disciplina e atenção como todas as outras.

Creio que é menos complicado explicar à criança a morte do pai ou da mãe que o abandono por parte de um deles porque, na cabeça dos pequenos, o segundo caso sempre poderia ter sido evitado. O que poderíamos fazer de melhor é explicar sem justificar: se o pai tinha problema com drogas, por exemplo, diga que ele era doente e não conseguia viver com a família.

O bom relacionamento entre pai e filho desde a infância é, mais uma vez, determinante para que se estabeleça um diálogo aberto e carinhoso, à medida que a criança cresce. Ela deve chegar à idade adulta entendendo que sua história amorosa não precisa, necessariamente, ser igual à dos pais.

Acho muito simpática a postura de certas escolas de não comemorar o Dia dos Pais ou das Mães, porque além da pressão em casa, a criança precisa lidar com os comentários cruéis dos coleguinhas. Nessas escolas, há a celebração do Dia da Família, 15 de maio. As crianças levam seus avós, tios e todos os que elas consideram parte de sua família.

Dica da Cris:

Sua atitude positiva diante dessa situação é que vai determinar suas ações. Olhem para frente e para cima e busquem em Deus e em sua Palavra cheia de sabedoria o equilíbrio necessário para educar seus filhos.

Paternidade tardia

Minha mãe dizia: “Por dentro, não nos sentimos velhos, mas o problema é que o corpo não acompanha”. Isso é uma verdade. Os limites físicos para o exercício da paternidade não são meras convenções. A própria natureza avisa ao organismo quando já passou da hora de termos filhos. Há todas as questões hormonais e, com o passar dos anos, o “pique” vai diminuindo até que não corresponda mais aos desejos e às necessidades de uma criança cheia de energia.

Ser pai é acordar à noite, trocar fraldas, dar banho de cócoras, amamentar, correr atrás de crianças no *shopping center* etc. O envelhecimento do corpo é um fato, e não é desprezível.

Uma boa mostra dessa incompatibilidade são os netos. Que alegria quando vêm em casa! Mas que alívio quando vão embora! Um deles, ocasionalmente, costuma pernoitar em casa nos finais de semana. Um dia desses, ele chegou com uma enorme mochila, cheia de coisas: pijama, roupas, brinquedos. Com todo amor, cuidei dele, dei banho, levei para brincar, enfim, tratei para que ele tivesse uma rotina típica de criança. Quando seus pais vieram pegá-lo, mal havia fechado a porta e eu já estava deitada, exausta. É outra rotina. Fico imaginando ter um filho nessa idade e cuidar dele todos os dias, não apenas nos finais de semana.

Hoje em dia, com o prolongamento cultural da juventude e com tantos recasamentos, vejo casos de pessoas com mais de 40, e às vezes com mais de 50 anos, recorrerem a métodos como fertilização *in vitro* para driblar a natureza e se tornar pais tardios. Nesses casos, depois que os filhos nascem, não há muito que fazer além de buscar nos energéticos algum fôlego para acompanhar o pique das crianças nesta época de extrema rapidez mental e excepcional volume de informações.

O grande problema do pai temporão é a tendência de ser avô, e não pai. Uma figura bonachona, mas carente de uma postura firme de autoridade e esquecida das responsabilidades que a educação dos filhos exige.

Dica da Cris:

Seu filho precisa do seu amor e dos limites estabelecidos por vocês (não pelos avós). Deem o máximo de vocês e não abram mão de sua autoridade.

CANTINHO DA REFLEXÃO

- Vocês têm disposição para cuidar de seus filhos?
- Vocês estão cientes de suas responsabilidades como pais?
- Há respeito entre vocês e eles?
- Vocês são maduros como casal?
- Há diálogo e união entre vocês?
- Há respeito entre os membros de sua família?
- A família toda ajuda nas tarefas e nas decisões da casa?

CAPÍTULO 6

A INFÂNCIA SOB ATAQUE

Confie no SENHOR de todo o seu coração e não se apoie em sua própria capacidade e entendimento; lembre-se de colocar Deus em primeiro lugar, em todos os seus caminhos, e ele guiará os seus passos, e você andará pelo caminho certo.

PROVÉRBIOS 3:5-6

Um dos aspectos mais positivos do método conhecido como cantinho da disciplina é que ele dá à criança a oportunidade de corrigir o comportamento antes de ser disciplinada. Aquela frase horrível "esta é a décima vez que eu mando você arrumar os brinquedos" realmente não tem cabimento, mas é importante repetir, explicar e advertir: "Filho, você prometeu arrumar os brinquedos. Eu confiei na sua palavra e não gostaria que você me desapontasse". Com isso, você lhe dá uma chance, antes partir para a disciplina.

A função dos pais não é castigar, mas ensinar. Ensinar que autoridade existe para ser obedecida. E inculcar nos filhos, desde a primeira infância, valores que um dia nortearão a vida deles. Na pré-adolescência e na adolescência, seu filho vai precisar dizer "não" a uma série de ofertas perigosas que lhe serão feitas. Valores ensinados desde a infância preparam os filhos para responder ao desafio das drogas, da bebida e do sexo precoce.

As crianças são bombardeadas com informações vindas da TV, das revistas, da internet. Influências que, frequentemente, se chocam com os valores familiares e por isso devem ser administradas pelos pais. Essas "ameaças" são ótimos exemplos para enriquecer o diálogo com fatos concretos que conduzem a conversa para além do "gosto" e "não gosto". O diálogo entre pais e filhos deve ser estabelecido desde os primeiros anos e ser cultivado ao longo da vida.

Recebo muitos e-mails de pais de adolescentes, desesperados porque os filhos não os respeitam nem conversam com eles. Mas o diálogo, o relacionamento de confiança é algo que deveria ter sido estabelecido doze, treze anos antes. E os "ataques" que as crianças sofrem da sociedade devem ser usados pelos pais atentos para embasar seu argumento. Mesmo que, aparentemente, elas não deem atenção.

Filhos problemáticos, pais perdidos

O equilíbrio na relação entre pais e filhos começa com o casal. Os pais são a base da família e o exemplo a ser seguido pela criança. Quando eles não estão bem, quando passam por uma fase de desentendimento ou problemas no trabalho, por exemplo, as crianças absorvem as preocupações e os sentimentos negativos.

Se o problema for irremediável, como a morte de alguém ou o divórcio, os filhos devem ser informados tão rapidamente quanto possível – especialmente sobre fatos que afetarão a rotina deles e não poderão ser "camuflados". Quanto mais tempo passar, mais curiosos eles ficarão e mais delicado será o momento da explicação.

A criança merece e precisa saber o que acontece com sua família. Naturalmente, os adultos precisam de sabedoria para "aliviar" o peso dos detalhes e encontrar o jeito certo para contar. No entanto, transparência é fundamental. Afinal, assim como os adultos, os jovens também têm seu desempenho afetado quando estão preocupados ou apreensivos. O rendimento escolar é o primeiro e principal prejudicado. Agressividade e isolamento também são comumente desenvolvidos. Por isso, reforço: diálogo e transparência são fundamentais.

Eventualmente o desempenho escolar do filho pode ser encarado como apenas mais um dos muitos problemas que os pais estão enfrentando. Nem sempre: ele pode refletir uma crise envolvendo a família. Vale a pena refletir antes de criticar a criança ou a escola.

A correção que os pais esperam da criança tem de ser feita com ajuda dos próprios pais, com amor e firmeza, e não apenas com ordens. Essa clareza só vem com o preparo, e o preparo traz boas consequências para toda a família – naturalmente, as ações dos filhos refletem aquilo que observam nos pais.

Hoje, há pais que não conhecem os filhos. Passaram tempo demais trabalhando e buscando seus interesses acadêmicos ou profissionais. Por não terem estabelecido um canal de diálogo e intimidade, vão se ressentir mais tarde. Se os pais não buscaram os filhos, não serão eles, ainda imaturos, que sairão em busca do diálogo. Talvez esses pais jamais venham a saber, verdadeiramente, o que importuna ou aborrece os próprios filhos.

Em contrapartida, quando os pais conseguem estabelecer esse vínculo desde os 2 ou 3 anos, a criança aprende a enxergar nos pais a boa intenção e a sabedoria para consultá-los em questões de amizades e possibilidades para a vida.

Dica da Cris:

Conheçam seu filho, invistam tempo nele, dialoguem diariamente, sejam transparentes e, assim, vocês poderão ajudá-lo nos momentos difíceis.

Amizades inconvenientes

Escolher amizades é algo que os pais devem ensinar aos filhos. A tendência natural do ser humano é que nos aproximemos de pessoas com os mesmos princípios, costumes e estilos de educação, o que não quer dizer que não devamos procurar nos enriquecer com a troca de ideias e de experiências com pessoas de grupos e opiniões diferentes. O problema se configura quando os filhos não estão suficientemente maduros para interagir com o diferente, quando não conseguem influenciar o meio, mas se deixam influenciar negativamente.

Minha neta Raphaela teve um problema com uma dessas "meninas líderes" (um eufemismo para crianças que batem nas coleguinhas). Minha filha foi até a escola, e a professora passou a acompanhar a menina com atenção redobrada. Paralelamente, Raphaela foi instruída, em casa, sobre as atitudes da coleguinha e aprendeu que pessoas briguentas e violentas não são boas companhias.

Como cristãos, devemos sempre ser pacificadores. Jamais estimular o "pague para não entrar numa briga, mas pague para não sair". Em vez de revidar, devemos tomar um caminho muito mais difícil: ensinar-lhes que, com a postura adequada, o olhar firme e a convicção, não devem permitir assédio nem violência contra si. Ensiná-los a repreender, com autoridade, toda violência. É um processo mais lento e difícil, mas é a solução para romper o ciclo de agressividade, firmando o propósito de não agredir nem se deixar agredir. A "menina líder" continua violenta, mas não com a minha neta.

É isto que os pais devem fazer: orientar a criança com palavras simples e conceitos práticos. Dialogando desde a infância, quando crescer ela saberá ouvir e escolher as amizades. Afinal, é muito mais difícil proibir amizades quando o filho é mais velho. E, se ele se recusar a romper aqueles laços nocivos, só o diálogo pode apontar quão nociva pode ser aquela amizade.

Dica da Cris:

Acompanhem seu filho de perto (mas sem sufocá-lo). Procurem saber de suas amizades, do convívio social e de suas atividades fora de casa. Comecem desde cedo, estabelecendo diálogo e aproximando-se dele, na base do companheirismo e da confiança mútua.

Influências nocivas da mídia

A mídia cumpre seu papel de informar, formar e entreter, causando grande influência sobre os jovens. Os pais precisam exercer a função de "curadores", para que tudo o que os filhos veem na TV e nos filmes, leem nas revistas e encontram na internet não cause um efeito negativo e destrutivo.

Meus netos cresceram sabendo que há programas de TV para adultos e para crianças, e que eles têm permissão para assistir a certas coisas e outras, não. Isso criou um senso crítico entre eles. Certa vez, eu estava assistindo a um filme com dois de meus netos, o Pedro e a Raphaela. Em uma cena, surgiu uma bruxa assustadora. Imediatamente, o Pedro virou-se e disse: "Raphaela, não olha isso, não!", cobrindo os olhos da priminha.

Se necessário, expliquem à criança que certos filmes e desenhos são para os mais velhos, porque trazem coisas que as crianças mais novas ainda não entendem e, portanto, podem ser nocivas para elas. Mas não deixe de explicar que chegará o dia em que elas também poderão aproveitá-las.

Tenho a impressão de que havia uma inocência e um aspecto lúdico nos desenhos animados de antigamente. Hoje, os desenhos mais populares são baseados em lutas e violência, e não há muitos filtros estabelecidos contra isso. Eu já entrei em casas com crianças de 10 anos que se divertiam com *videogames* indicados para maiores de 18. E o pior é que haviam sido comprados pelos pais! Lembro-me de um jogo em especial, em que o protagonista tinha uma motosserra com a qual deveria mutilar as mulheres que encontrasse pelo caminho. Por banal e divertido que pareça às crianças, entretenimento desse estilo vai deixando marcas de agressividade no inconsciente do adulto.

Muitas crianças têm medo de dormir sozinhas em seu quarto por medo de monstros. Quando eu peço para que elas desenhem esses monstros, quase sempre a mãe confirma tratar-se de personagens de desenhos da TV.

Um caso particularmente grave acompanhado pelo *Supernanny* foi o de um menino de quatro anos, fanático por *videogames* japoneses. Ele passava o dia tão vidrado nos jogos que não parava nem para comer. A mãe precisava dar-lhe comida na boca, enquanto ele, estatelado, jogava em frente à TV. Estava tão absorto naquele universo que repetia, em japonês, os diálogos do jogo. E demonstrava um alto nível de agressividade contra a irmã e os pais. Eu propus uma nova rotina para ele, com hora certa para brincadeiras, esportes, momentos com a família e (inclusive) um pouco de TV e *videogame*. Confesso que as primeiras tentativas foram difíceis, porque os pais também tinham seu interesse em manter a casa silenciosa às custas de um menino "mudo" em frente à TV. E as opções de atividades que sugeri precisavam ser tão ou mais interessantes do que os jogos que ele tanto amava. Mas envolvi toda a família – esse é o segredo – e logo sua rotina estava toda refeita.

Dica da Cris:

Fiquem atentos e controlem o que seu filho acessa na internet e vê na televisão. Apliquem regras pensando no bem dele e deixe isso claro. Observem quantas horas ele passa jogando *videogame* e verifiquem se houve alguma mudança de comportamento desde que adquiriu esse hábito.

CANTINHO DA REFLEXÃO

- Seu filho tem apresentado mudanças de comportamento?
- Vocês já procuraram conversar com ele para saber quem são seus amigos e que tipo de relação eles mantêm?
- Vocês controlam o acesso dele à internet? Sabem que tipo de conteúdo ele acessa?
- Os jogos e as brincadeiras de seu filho são compatíveis com a idade dele?

CAPÍTULO 7

EMOÇÕES À FLOR DA PELE

O ódio só produz brigas e confusão; mas o amor esquece e perdoa todas as ofensas.

PROVÉRBIOS 10:12

De certa forma, crescer em sabedoria é uma decisão que tomamos toda vez que a vida nos oferece oportunidades de desenvolvimento e amadurecimento. Amadurecer é quase sempre dolorido, mas é importante. Não à toa, a palavra de Deus nos estimula a "deixar para trás as coisas de menino" e olhar para frente a fim de poder receber alimentos sólidos.

Gravidez indesejada, por exemplo – em pleno século 21, com toda informação disponível sobre controle de natalidade –, é um sinal evidente de imaturidade. Rebeldia e irresponsabilidade infantis em um corpo biologicamente adulto.

Mas também é um ponto de reflexão para os pais: até que ponto nossas próprias atitudes como casal são responsáveis? Até que ponto estamos conscientes dos deveres que uma família implica? Afinal, tanto para crianças quanto para adultos, amadurecer tem a ver com assumir responsabilidades para enfrentar problemas. Será que nós, pais, estamos mesmo dispostos a amadurecer para assumir a responsabilidade de criar um ser humano?

Quando pensamos assim, o negócio soa um tanto mais pesado.

Amadurecer emocional e psicologicamente está relacionado com novas experiências. E eu creio firmemente que os desafios que Deus coloca em nossa vida têm o objetivo de nos tornar maduros. As tribulações sempre vêm, em maior ou menor número, em maior ou menor intensidade, mas é por meio delas que Deus nos educa. A decisão, porém, é nossa: crescer ou continuar usando mamadeira para sempre? Optar pelo que é melhor ou pelo que é mais fácil? Está nas mãos do casal.

A maturidade do casal

É preciso entender primeiro o que significa *maturidade*. Uma pessoa madura é alguém que, ao longo da vida, adquiriu experiência e atingiu certo nível de desenvolvimento em diferentes áreas. Tornou-se prudente, sensata, ponderada. Reflete antes de tomar decisões, e não age por impulso. A consequência desse processo é a transformação do conhecimento em sabedoria.

Precisamos alcançar maturidade em todas as áreas da vida, e quando falamos de educação de filhos isso adquire um peso especial, porque nos referimos à formação da personalidade de uma criança que Deus nos confiou para o trabalho de moldar e formar.

É fato que tanto o homem quanto a mulher devem se preparar ao máximo para a grande missão de se tornarem pais. Responsabilidade e informação podem ser estimuladas por meio de boa literatura, troca de experiências, palestras e conversas. Entretanto, por mais que estejamos teoricamente preparados, a paternidade envolve vivências e sentimentos absolutamente novos e subjetivos, e a maturidade para lidar com isso depende de diversos fatores. Um deles, e fundamental, claro, é a prática. Sem desmerecer todo o processo de tomada de consciência anterior e a informação, é no momento que tomamos nosso filho nos braços que devemos aplicar todo esse conhecimento. Aí as coisas se complicam devido ao envolvimento emocional durante esse longo processo de aprendizado, de corrigir o que dá errado e celebrar o que dá certo. Sem culpa, mas com a firme intenção de aprender e amadurecer.

Eu sempre trabalhei como educadora e já tinha larga experiência quando tive meu primeiro filho, e ainda assim fui pega de surpresa pela maternidade. O lado bom do sobressalto é que ele permitiu-me acumular experiências valiosas quando chegaram o segundo e o terceiro filho – eis a maravilha da prática. Não importa se você é pedagoga, psicóloga, médica, economista ou dona de casa, quando se trata de seu filho, a prática é diferente da teoria.

Aprendi muitas coisas com todos os meus filhos, mas, com certeza, muito mais com o primeiro. Lembro-me de que houve um momento, quando Federico era bebê, em que ele não queria mais dormir no berço. Só aceitava o colo ou o carrinho. Eu, inocentemente, o colocava no carrinho e o balançava até que dormisse. Que erro! Agora ninguém conseguia dormir até que ele embalasse no carrinho. Cansados daquilo, por instinto, eu e meu marido decidimos colocá-lo no berço mesmo contra sua vontade e deixá-lo chorar até que se cansasse e pegasse no sono, sozinho. Foi uma medida radical, mas necessária. Foi assim que aprendemos que a criança precisa aprender a pegar no sono sozinha, no berço, desde bebê. A experiência adquirida nos ensinou a não cometer o mesmo erro com os outros dois filhos.

A maturidade vem quando o casal entende sua responsabilidade e se sente naturalmente comprometido com a educação dos filhos, consciente dos valores morais e espirituais que devem transmitir à criança. Esse deve ser o objetivo de todo casal. Se o aprendizado não vem mesmo após o primeiro filho, os reflexos da imaturidade podem trazer consequências terríveis para toda a família, como uma semente ruim cujo fruto será colhido no futuro.

Ser permissivo ou restritivo demais, ser violento ou omisso são marcas de imaturidade contra as quais devemos lutar, do contrário, a criança responderá com manha, birra, violência, agressividade, rebeldia ou medo, entre outros sentimentos ruins. E não haverá ninguém suficientemente maduro para ajudá-la a corrigir seu comportamento e aconselhá-la sobre os caminhos a seguir.

Dica da Cris:

Conversem bastante entre vocês, como casal. Só vocês sabem o que são capazes de fazer por seus filhos.

Respeito mútuo

Respeitar é dar honra, atenção e demonstrar consideração por alguém. Já falamos diversas vezes neste livro sobre bons exemplos que os pais podem e devem dar aos filhos. Da mesma forma, o respeito mútuo só será plenamente transmitido com eficiência às crianças se elas vivenciarem o respeito dentro de casa, a começar pelos pais. Quem nasce e cresce cercado de delicadeza, diálogo, amor e respeito por ideias e opiniões diversas acaba assimilando essas práticas e dando ao próximo, de maneira natural, aquilo que recebe. Brincar com os filhos, conversar com eles, ouvir o que eles têm a dizer, investir tempo neles – isso é dar atenção, é respeitar.

É importante que os filhos não apenas observem o que acontece na família, mas se sintam envolvidos nesse processo. Os pais devem promover espaço para que eles opinem nos assuntos de família que lhes competem – a sugestão de destino para as próximas férias, um passeio para o fim de semana ou a cor da tinta usada na reforma do muro do quintal, por exemplo. Respeito e consideração geram respeito e consideração.

Evidentemente, respeitar e envolver os filhos não significa prolongar indefinidamente discussões e argumentações. As coisas funcionam a partir de certo ponto razoável, simplesmente porque tudo precisa de ordem. Em outras palavras, é o "Olha, eu já expliquei e argumentei, mas, como infelizmente você não concorda, você vai precisar obedecer mesmo assim, porque nós somos seus pais". Evidentemente, o casal deve estar muito firme e certo dos valores que plantaram e querem cultivar em casa. Em famílias cristãs, a vantagem é que a Bíblia se torna o juiz de toda discussão, considerando, claro, que toda argumentação tem limite. Os pais, especialmente os de adolescentes, vão enfrentar questionamentos a todo momento.

Mas mesmo em casos de discordância, filhos que cresceram reconhecendo a autoridade dos pais não confundem respeito com permissividade.

Dica da Cris:

Respeito é a base para o bom ambiente familiar. Pratiquem isso. Comecem por vocês.

Grandes frustrações

Eventualmente, nossos filhos não corresponderão ao que esperamos deles. Esta pode ser mais uma das oportunidades que Deus nos dá para reavaliar nosso desempenho como pais e as escolhas que fazemos para as crianças. Nem sempre o mau rendimento escolar significa desleixo. Pode ser que a escola não tenha a linha pedagógica ideal para sua família. Talvez seu filho esteja precisando de ajuda pedagógica ou de aproximação com os pais. Pode ser, como vimos no capítulo "Filhos problemáticos, pais perdidos", que os responsáveis sejamos nós mesmos.

Conheci uma garota cujo desempenho escolar era ruim e, por isso, o pai brigava constantemente com ela. De tão chateada, a menina decidiu estudar com afinco; ela queria a aprovação do pai. Finalmente, vieram as primeiras boas notas. O pai olhou seu boletim e, laconicamente, resmungou: "Você não fez mais que sua obrigação". Ou seja, a menina tentou se aproximar do pai, mas ele não teve sensibilidade para incentivá-la a continuar se empenhando. Depois do balde de água fria, a garota nunca mais se empenhou nos estudos daquela forma.

Será que o mau desempenho do filho não pode ser reflexo de pais indolentes com suas obrigações? Será que não é esse o modelo que as crianças estão aprendendo em casa? Será que não houve algo traumático que tenha desencadeado essa reação na criança?

Os momentos de frustração são boas oportunidades para a reflexão, antes que eles os conduzam a níveis cada vez mais altos de perigo. As portas abertas para o coração do filho podem evitar até mesmo, um exemplo extremo, tendências suicidas. Crises de depressão, ou o vício em drogas, não costumam sequer ser notadas por pais que não mantêm diálogo com os filhos ou não estimulam a compreensão mútua. O filho costuma emitir sinais de que algo não vai bem, em busca de socorro. Infelizmente, estamos ocupados demais com nossos afazeres para notar. Mas é melhor que o pai tenha a humildade para refletir e corrigir sua rota do que semeie frustrações futuras ainda piores.

Dica da Cris:

Não se sintam frustrados se seu filho não atingiu os objetivos que vocês desejavam. Busquem auxílio e ajudem-no a encontrar novas metas e traçar estratégias para alcançá-las.

Grandes expectativas

A expectativa exacerbada com a chegada de uma criança, seja por parte dos pais, seja por parte dos parentes, atrapalha muito no trabalho de educá-la. Lembro bem do alvoroço causado pela chegada de Federico. Minha sogra e minha mãe tiveram outros netos, mas ele foi o primeiro e era o príncipe das duas senhoras. Eu própria tive outros filhos, mas Federico continuou a ser o queridinho das vovós. Tanto carinho tinha seu lado ruim, traduzido pelas expectativas criadas em torno desse filho. Ele tem de ser bonzinho, mandar beijos, sorrir, amar a todos, jamais ser malcriado etc.

É trabalho dos pais administrar as expectativas de todos à volta da criança para que ela não se sinta sufocada pela pressão. A forma de lidar com isso é entender que cada filho é um filho, com personalidade e gosto diferentes. Jamais devemos imputar a nosso filho a responsabilidade de realizar o que nós gostaríamos de ter realizado e não conseguimos. É importante sugerir, orientar, direcionar e dar bons exemplos, mas é fundamental deixar as escolhas para ele.

Todos temos em nosso círculo íntimo de convivência casos de pessoas que ingressaram em determinada carreira por influência dos pais e, depois de formados, abandonaram a profissão. É cruel que muitos pais se valham de um momento de dúvida do filho, em que ele precisa de calma e orientação para decidir seu futuro, para impor-lhe as expectativas deles. Mais uma vez, o diálogo, a paciência e o apoio dos pais são essenciais, desde que venham em forma de conselhos, e não de imposição.

Meu irmão, por exemplo, cresceu ouvindo que deveria ser advogado. Depois de anos na faculdade, durante o estágio, abandonou tudo afirmando que não conseguiria lidar com aquele ambiente.

É perfeitamente saudável e normal que tenhamos expectativas em relação aos filhos. Mas é assim que devem ser encaradas: como simples expectativas. Todos sonhamos em ver os filhos felizes, bem-sucedidos profissionalmente, com família bem estruturada. Não me soa mal que um pai empresário sonhe em ver seus filhos assumindo a empresa. Ou que uma mãe analfabeta sonhe com os filhos formados em uma universidade.

Entretanto, quando sonhos se transformam em pressão, as expectativas causam grandes prejuízos. Quando falamos sobre a formação de seres humanos, especialmente crianças, o resultado é especialmente catastrófico. Crianças que deveriam ser amadas e apoiadas são forçadas a fazer o que não querem, ou a desempenhar algo para o que não têm vocação ou de que não gostam. Como pais, deveríamos ser os primeiros a incentivá-los a encontrar ocupações que lhes deem prazer, nas quais se realizem. Afinal, somos as referências de maturidade e consciência mais próximas para eles. Ou deveríamos ser.

Em um dos episódios do programa, visitamos um casal e seus três filhos. O pai era extrovertido, brincalhão e todo o tempo que passava com as crianças estava rindo e se divertindo. A mãe era mais fechada e séria, e cuidava das crianças durante todo o dia. Certa vez, flagramos uma cena muito interessante. Era hora do almoço e, assim que a mãe serviu seu prato, o filho caçula virou-se para ela e disse que ia comer tudo – só pelo prazer de vê-la sorrindo e feliz. Isso mostra a importância que as crianças dão ao retorno dos pais. Muitas vezes, elas fazem coisas não necessariamente porque querem, mas porque buscam nossa aprovação – e esta é uma arma muito poderosa, que deve ser manuseada com sabedoria.

Uma pastora amiga da nossa família conta que vivenciou algo parecido com a filha de 2 anos. Certa vez, a menina experimentava um vestido novo e decidiu mostrá-lo ao pai. Os elogios dele foram tão calorosos que desde então, pelos dois ou três anos seguintes, toda vez que se preparava para sair, ela mostrava a roupinha para ele, como se estivesse em busca de um elogio. Eis o poder das palavras de incentivo.

Se adultos gostam de receber gratificações, imagine as crianças. E a recompensa (como o sistema de incentivo aos filhos) funciona, porque simboliza um alvo alcançado e uma etapa vencida. E não precisam ser, necessariamente, recompensas em forma de objetos comprados. Pode ser um piquenique em família ou uma noite na casa da vovó – coisas simples que satisfazem plenamente a necessidade da criança.

Um sinal de que os pais estão exagerando nas cobranças que fazem aos filhos é o estresse. A criança se estressa quando não tem mais tempo para brincar e se divertir, nem viver a infância de forma plena. O estágio seguinte é desistir de cumprir seus deveres básicos: não quer mais acordar cedo nem fazer a lição. Finalmente, vem a rebeldia. E os pais nem imaginam que tudo seja por causa da cobrança.

Os primeiros sinais de estresse vêm da escola, quando a criança começa a ir mal repentinamente e se desinteressar pelo que é ensinado. A família tem de agir, reorganizar a agenda dos filhos, de modo que comporte tempo para brincar, estudar, conversar, descansar. Em outras palavras, tirar o pé do acelerador.

Uma criança que cresce nas nossas grandes cidades já tem uma vida naturalmente estressante. Há muita atividade a sua volta, e ainda queremos que ela faça inglês, computação, futebol, natação, violino. Qualquer um estressaria. Um problema real de crianças com tantas atividades extracurriculares é o risco de, ao chegarem à juventude, no momento de assumirem os estudos por iniciativa própria, de procurar uma faculdade e um trabalho, se encontrarem absolutamente exaustas de tanta atividade desde a infância.

Entre as décadas de 1930 e 1980 havia na Argentina uma tirinha chamada *Don Fulgencio, o homem que não teve infância*. Era a história de um senhor que, já adulto, trocava suas obrigações por qualquer brincadeira ou travessura infantil. Essa pode realmente ser a consequência para pessoas que não puderam curtir os prazeres da infância na época certa. Há coisas que devem ser feitas na infância e isso precisa ser respeitado. Cada etapa de nossa vida tem de ser aproveitada da melhor forma possível, sob pena de prejudicar a fase seguinte.

Creio que as crianças devem experimentar um pouco de tudo. Com meus filhos procurei fazer isso. Eles aprenderam uma língua estrangeira, um instrumento musical e um esporte, quando crianças. Atividades como essas colaboram para o crescimento e amplia a visão dos filhos. Mas é preciso bom senso sempre para organizar as agendas e, por exemplo, saber quando é hora de parar ou substituir as atividades. É possível que a criança matriculada em uma escolinha de futebol revele sua preferência por tênis. A função dos pais é criar condições para que o filho experimente as possibilidades até encontrar suas habilidades e seus talentos. Crianças são diferentes umas das outras. Uma menina pode gostar de balé, e sua melhor amiga preferir *tae-kwon-do.*

Muitas vezes, ocorre de o pai procurar realizar-se nas crianças, compensar suas velhas frustrações com as atividades dos filhos. Embora terrível, trata-se de uma situação bastante comum. Ele não teve a possibilidade de ser um bom jogador, então coloca o filho na escolinha de futebol; ela não conseguiu ser modelo, então faz *book* da filha. A criança é forçada a fazer algo de que não gosta e, na primeira oportunidade, vai sair correndo disso, talvez traumatizada.

Durante minha infância, estudei piano porque minha mãe era concertista. Pouco depois, aprendi violão, junto com meu irmão. Não dei continuidade a nenhum dos dois e hoje nem tenho instrumentos em casa. Mas eu gostava na época; foram experiências leves e positivas. O importante é que experimentei e aprendi sobre música, adquiri cultura. Isso desenvolve qualquer criança. Esteban, por exemplo, quis estudar bateria. Hoje ele é ótimo no instrumento e passou para o filhinho o gosto pela percussão. Foi uma fase; hoje, aos 6 anos, ele prefere cantar e jogar futebol. O importante é que a criança experimente diferentes caminhos, motivações e opções para que ela própria escolha. São fases tão gostosas de serem vividas entre pais e filhos que nem nos damos conta de que elas fazem parte plena do nosso trabalho de educá-las.

Dica da Cris:

Reflitam sobre as expectativas que têm para seu filho e pensem se ele tem vontade de alcançá-las. Deem-lhe liberdade para que ele faça suas escolhas. Confiem na capacidade dele.

CANTINHO DA REFLEXÃO

- Quais as expectativas de vocês para seu filho?
- Vocês esperam dele o que ele é de fato capaz de conquistar?
- Vocês dialogam com ele? Sabem quais são os gostos e as preferências dele?
- Seu filho consegue lidar com todas as atividades que vocês programaram?

Conclusão

Vocês são os melhores pais que seus filhos poderiam ter, pois foram escolhidos por Deus especialmente para eles. É verdade que ninguém nasce sabendo desempenhar o papel de pai/mãe, mas é possível que nos preparemos e amadureçamos no processo de assumir essa maravilhosa e abençoadora tarefa que ele nos proporciona.

Se este livro estimulou você e seu cônjuge a refletir sobre as diversas situações que todos enfrentamos ao longo de nossa trajetória, então ele atingiu seu objetivo.

Leiam, conversem, busquem o conselho de pessoas mais experientes que possam orientá-los. Não tenham medo.

Já foi dito que um bebê é um diamante em estado bruto, cujo brilho inigualável está lá, à espera de que alguém o descubra, limpe, livre-o das impurezas e o faça esplendoroso. O trabalho de vocês, pais, é o de lapidar essa pedra. É um trabalho minucioso, delicado, diário, que requer dedicação, tempo, firmeza, convicção e muito amor. Mas o resultado é gratificante.

Busquem em Deus a sabedoria para educar seus filhos. Ele os guiará e os abençoará.

Com todo meu carinho,

CRIS POLI

Leitura recomendada

Educação de filhos em geral:

FILHO, Ruy Pupo. *Como educar seus filhos: Uma nova postura para a nova família*. Rio de Janeiro: Alegro, 2004.

GUEDES, Meibel Mello. *Educar filhos, um ato de amor*. Curitiba: Sergraf, 2005

_____. *Quem ama ensina*. Curitiba: Sergraf, 2008.

GUERRA, Alexandra. *Infância: O melhor tempo para semear*. Belo Horizonte: Betânia, 2006.

LEITE, Eliane Pisani. *Pais educativos*. São Paulo: Kalimera, 2006.

PELT, Nancy Van. *Como formar filhos vencedores: Desenvolvendo caráter e personalidade*. Tatuí: Casa Publicadora Brasileira, 2006.

WHITE, Ellen G. *Pais preparados, filhos vencedores: Orientação da Criança*. Vols. 1 e 2. Tatuí: Casa Publicadora Brasileira, 2001.

A leitura desses livros é importante para os casais que querem se preparar para ser pais com informações e opiniões de diferentes autores – psicólogos, médicos e educadores em geral – a respeito da primeira fase de educação infantil. As bases da personalidade da criança se estabelecem nos sete primeiros anos de idade, por isso é fundamental que os pais se conscientizem da importância de seu papel na educação dos pimpolhos.

Adolescência:

CONGER, Jon. *Adolescência: Geração sob pressão.* São Paulo: Abril Cultural, 1980.

GUEDES, Meibel Mello. *Curtindo o melhor da adolescência.* Curitiba: M. M. Guedes, 2008.

_____. *Descobrindo o melhor da adolescência.* Curitiba: M. M. Guedes, 2008.

_____. *Vivendo o melhor da adolescência.* Curitiba: M. M. Guedes, 2008.

Essa fase do desenvolvimento do ser humano apresenta diversas dificuldades, porque é nessa idade que as influências da cultura vigente se tornam ainda mais fortes. O que fazer, como pais, diante dessa situação? Que atitudes tomar? Devemos ser intransigentes, permissivos, compreensivos? Essas e outras perguntas rondam a mente de pais de pré-adolescentes e adolescentes. Por isso é muito importante conhecer mais profundamente essa fase e a opinião de especialistas que têm estudado, pesquisado e experimentado diferentes pontos de vista.

Violência/ Criminalidade/ Segurança:

SCHELB, Guilherme Zanina. *Violência e criminalidade infanto-juvenil: Estratégias para solução e prevenção de conflitos*. Brasília: Edição do autor, 2007.

VILCHES, Rogério. *Criando filhos em segurança: Dicas práticas para proteger crianças e adolescentes*. São José do Rio Preto: Edição do autor, 2007.

Na época em que vivemos, é importante que os pais não apenas possam informar-se sobre violência, criminalidade e segurança, mas também conversar e refletir a respeito desses assuntos a fim de se prepararem para orientar os filhos sobre os perigos que existem fora do lar. Sem pânico, sem exageros, mas com responsabilidade na educação e proteção dos filhos.

Diversos:

BUCKMAN, Robert e EZZO, Gary. *Nana nenê: Como 100 mil novos pais treinaram seus bebês para dormir a noite toda de forma natural*. São Paulo: Mundo Cristão, 1997.

KAPALKA, George. *Como educar crianças temperamentais*. São Paulo: Gente, 2009.

PIMENTEL, Elizabeth. *O poder da palavra dos pais: Nós avaliamos pouco o que falamos*. São Paulo: Hagnos, 2006.

Achei interessante incluir esses livros sobre diversos temas de interesse para os pais como leitura recomendada. Eles abordam problemas enfrentados pelos pais com recém-nascidos e crianças com temperamento difícil. Discutem também as consequências benéficas ou nocivas, para os filhos, de palavras críticas ou elogiosas dos pais.

Compartilhe suas impressões de leitura escrevendo para:
opiniao-do-leitor@mundocristao.com.br
Acesse nosso blog: www.mundocristao.com.br/blog

Diagramação: Triall Composição Editorial Ltda.
Transcrição: Lìlian Comunica
Fonte: Rotis Serif 55
Gráfica: Imprensa da Fé
Papel: Norbrite cream 66 g/m² (miolo)
Cartão 250 g/m² (capa)